AF305952

BULLETIN OFFICIEL

DE

L'ILE DE LA RÉUNION.

(N° 48.)

MARS 1862.

N° 1060. —*DÉPÊCHE au sujet des concessions de passages dans le service colonial.*

Paris, le 26 Mai 1852.

Monsieur le Gouverneur,

Mon attention a été appelée sur les concessions de passages indûment faites au compte du budget dans l'intérieur des colonies, soit à bord des bâtiments de l'Etat soit par la voie du cabotage et des voitures publiques.

Je crois devoir vous rappeler qu'en principe nul n'a droit à un passage gratuit ou à des frais de déplacement, s'il ne voyage pour le service et en vertu d'un ordre régulier.

Vous trouverez ci-joint copie d'une circulaire adressée à ce sujet par M. l'Ordonnateur de la Guadeloupe aux fonctionnaires placés sous ses ordres, et à laquelle j'ai donné mon entière approbation.

Je vous invite d'ailleurs à ne pas perdre de vue, qu'aux termes d'une circulaire du 5 novembre dernier, vous avez à me transmettre vos propositions relativement à la fixation des indemnités de route et de séjour à allouer aux fonctionnaires et agents qui se déplacent, dans l'intérieur de la Colonie, pour les besoins du service.

Recevez, etc.

Le Ministre de la Marine et des colonies,

Pour le Ministre et par son ordre :

Le Conseiller d'État, Directeur des colonies,

MESTRO.

N° 1061. — *CIRCULAIRE de l'Ordonnateur de la Guadeloupe à MM. les Commissaires aux revues, aux armements et Chefs de service dans les dépendances.*

Basse-Terre, le 24 Janvier 1852.

Messieurs,

Mon attention s'est portée plusieurs fois déjà sur les concessions de passages indûment faites au compte du budget, soit sur les bâtiments de l'Etat, soit par la voie du cabotage ou de la voiture publique, et il m'a paru nécessaire, pour y remédier en ce qui concerne notre service, de rappeler les règles qui doivent présider à ces sortes de concessions.

En principe, nul n'a droit à un passage payé par les fonds de l'État ou de la Colonie, s'il ne voyage pour un service commandé et n'est porteur d'un ordre régulier du chef d'administration ou du chef de corps dont il relève, lequel ordre devra être préalablement communiqué au chef du bureau compétent, avant toute délivrance du billet d'embarquement ou du bon de voiture, suivant qu'il y aura lieu. Ainsi les déplacements pour affaires personnelles, par suite de permission d'absence ou de tout autre motif, ne comportent aucune concession de ce genre; c'est à ceux qui dans cette position ont besoin de se déplacer à y pourvoir à leurs frais.

Il arrive quelquefois que des fonctionnaires ou officiers, envoyés en mission temporaire hors de leur résidence, se font accompaguer de leur famille. Il doit être bien entendu que, dans ce cas, le passage ou le transport, tant pour l'aller que pour le retour, n'est accordé que pour eux seuls, sans acception des personnes qui les entourent. La dépense pour la famille ne peut être admise que lorsqu'il s'agit d'un changement de résidence à titre définitif, en vertu d'un ordre de destination en due forme.

A cette occasion, je vous fais remarquer, au besoin, que la famille, au point de vue dont nous parlons, comprend seulement la femme et les enfants, plus les domestiques pour ceux qui y ont droit, dans les limites fixées par l'arrêté du 30 avril 1848. Toute concession qui irait au-delà serait abusive, à moins qu'on ne justifie d'une autorisation spéciale qui ne saurait émaner que de M. le Gouverneur.

Voilà la règle pour les circonstances ordinaires; quant aux cas d'urgence qui pourraient se présenter, surtout dans les localités éloignées du chef-lieu, où certains fonctionnaires n'auraient pas le temps de réclamer et d'attendre un ordre de leurs supérieurs respectifs, vous pouvez déférer aux demandes qui vous seraient faites, mais en exigeant qu'elles vous soient adressées par écrit, et en prévenant les demandeurs que la dépense du passage ou du transport restera à leur compte, si le déplacement n'est pas approuvé par l'autorité de laquelle ils relèvent. Aussitôt la concession faite, vous m'enverrez directement ces demandes.

J'appelle votre attention la plus sérieuse sur les recommandations qui précèdent, et je vous invite à ne jamais vous en écarter. Vous voudrez bien m'accuser particulièrement réception de la présente circulaire.

Recevez, etc.

Le Commissaire Ordonnateur P. I.,

G. Le Dentu.

Pour copie:

Le Conseiller d'État, Directeur des colonies,

Mestro.

***

N° 1062. — *CIRCULAIRE ministérielle relative au règlement sur la durée du travail et sur le montant de la solde de travail à allouer aux militaires employés dans les arsenaux et dans les ateliers du Gouvernement aux colonies.*

Paris, 17 Octobre 1856.

Monsieur le Gouverneur,

La solde de travail allouée aux ouvriers militaires employés dans les arsenaux des colonies, et celle des militaires de toutes armes qui, sur l'ordre des gouverneurs, peuvent être employés dans les ateliers du Gouvernement, étaient jusqu'ici payées d'après des tarifs locaux, qui variaient selon nos différents établissements et n'étaient pas, dans quelques-uns, en harmonie avec les services rendus.

Il m'a paru utile de rendre ces tarifs uniformes, et de déterminer en même temps la durée et les différentes conditions du travail des ouvriers militaires dans la Colonie.

Règlement sur la durée du travail et sur le prix de la journée dans les arsenaux et dans les ateliers du Gouvernement dans les colonies.

Art. 1er. La durée de la journée de travail

aux colonies sera de huit heures au maximum, de sept heures au minimum, suivant les saisons. Les époques où la durée de la journée changera par saison, seront déterminées par le Gouverneur sur la proposition de l'Ordonnateur.

Les heures pour les repas et pour les repos seront déterminées de manière à ce qu'à moins de circonstances urgentes, le travail demeure suspendu pendant les trois heures les plus chaudes de la journée.

La nuit est réputée commencer à 7 heures du soir et finir à 5 heures du matin.

Art. 2. Dispositions spéciales aux agents militaires, sous-officiers et soldats employés dans l'intérieur des arsenaux de l'artillerie aux colonies.

PRIX DE LA JOURNÉE DE TRAVAIL.

PROFESSIONS.		Par journée de travail de 7 à 8 heures.	Proportion qu'on ne doit par dépasser dans les classes.	
Ouvriers d'État.		3 f. 00		(1)
Sous-officiers.		2 00		
Ouvriers des compagnies.	1re classe	1 50		¹/₄
Ouvriers et soldats titulaires.	2e classe	1 30	¹/₄	¹/₂
Compagnie du régiment d'artillerie.	3e classe	1 20	¹/₂	¹/₂
Soldats d'artillerie ou autres corps, non exempts de service, détachés comme ouvriers d'art (bourreliers, maçons, dessinateurs, écrivains.)		1 30		

Nota. Les ouvriers civils continuent à être payés à raison de leurs talents et d'après les prix du commerce dans la localité.

(1) Modifications apportées par la circulaire du 17 juillet 1857.

Art. 3. Si le Gouverneur ordonne de faire travailler au-delà de huit heures par jour, il est accordé un supplément de 0 f. 20 c. par heure excédant. (1)

Si, par extraordinaire, le Gouverneur ordonne de faire travailler la nuit, les heures de nuit seront payées, commé celles de jour, à raison de 0 f. 20 c.

Art. 4. Les sous-officiers faisant fonctions de chefs d'atelier recevront un supplément de 0 f. 50 c. par jour.

Ce supplément sera élevé à 1 franc quand le sous-officier remplacera l'ouvrier d'état manquant.

Art. 5. Il pourra être alloué une prime journalière de 0 f. 15 c. à un nombre de caporaux et d'ouvriers égal à 1/10ᵉ de l'effectif, choisis parmi ceux qui se seront le plus distingués par leur habileté et leur zèle.

Les états nominatifs pour la répartition de cette prime seront établis par les soins du directeur d'artillerie à la fin de chaque trimestre.

Art. 6. Les canonniers ou soldats de toutes armes peuvent être employés sans rétribution, pendant quatre heures par jour, aux travaux ordinaires des arsenaux aux colonies ; au-delà de ce laps de temps, ils recevront 0 f. 20 c. par heure de travail.

Art. 7. Les canonniers ou soldats de toutes armes, employés au travail d'entretien des armes en magasin, recevront une indemnité de 0 f. 10 c. pour chacune des heures de travail.

Art. 8. Les sous-officiers détachés de leurs compagnies pour remplir les fonctions de garde d'artillerie recevront une indemnité de 1 f. 50 par jour.

(1) Supplément à allouer aux sous-officiers et ouvriers militaires appartenant, soit aux compagnies d'ouvriers, soit aux autres compagnies (Circulaire ministérielle du 17 juillet 1857).

Art. 9. Les sous-officiers ou caporaux détachés pour faire fonctions de gardiens de batterie, recevront une indemnité de 30 à 36 francs par mois.

Celles des batteries qui devront recevoir des gardiens fixes ou détachés seront déterminées par les gouverneurs, sur la proposition du directeur d'artillerie.

Les gouverneurs arrêtent également le nombre des sous-officiers ou caporaux qui pourront être détachés comme gardiens.

Les gardiens fixes seront nommés par les Gouverneurs, sur la proposition du directeur d'artillerie et de l'Ordonnateur. Ils seront placés sous les ordres directs du directeur d'artillerie.

Art. 10. Dispositions spéciales aux militaires des troupes de toutes armes employés dans les ateliers du Gouvernement aux colonies, en vertu d'un ordre du Gouverneur.

PRIX DE LA JOURNÉE DE TRAVAIL :

PROFESSIONS.	PRIX de la journée.
Manœuvre ou terrassier.	1f. 00
Fabricant de mortier, taluteur, gazonneur, directeur d'un atelier de régleurs ou dameurs, mineur, rocteur, charretier ou servant maçon.	1 25
Forgeron, charpentier, menuisier, charron ou scieur de long.	1 50
Maçon, tailleur de pierres, plâtrier, peintre, vitrier, plombier, fontainier, ou serrurier.	1 75
Caporal surveillant des ouvriers (1).	1 25
Caporal piqueur (1).	1 75
Sous-officier surveillant des ouvriers.	1 50
Sous-officier piqueur.	2 00
Écrivain.	1 75
Dessinateur.	2 50

(1) Chiffres applicables aux sapeurs du génie jugés capables de remplir les fonctions de surveillants et de piqueurs (Circulaire ministérielle du 17 juillet 1857).

Art. 11. Le tarif qui précède est établi sur une durée de dix heures de travail effectif. La journée de travail se fractionne dès lors par dixième. Le travail de nuit est payé 4 % en sus du travail de jour correspondant. (1)

Art. 12. Les troupes de travail seront conduites et surveillées sur les ateliers par leurs sous-officiers et caporaux : le nombre de ces surveillants sera fixé par le Gouverneur, sur la proposition de l'Ordonnateur ou du Directeur de l'intérieur et sur la demande du chef du génie ou de l'ingénieur chargé des travaux.

Art. 13. Dans le cas où l'importance des travaux réclamerait la présence sur le même point d'un effectif de travail, leurs militaires dépassant trente hommes réunis, le Gouverneur désignera, s'il le juge convenable, un officier de la garnison pour maintenir l'ordre et la discipline.

Il sera alloué à cet officier une indemnité mensuelle de 60 francs sur les fonds des travaux.

Cet officier devra déférer aux demandes et observations que le chef des travaux lui adressera, en ce qui tient à l'exécution des dits travaux.

Art. 14. Les troupes casernées ou baraquées à plus d'un kilomètre de leur atelier compteront, comme temps effectif de travail et à raison de un quart-d'heure par kilomètre, celui qu'elles mettront à se rendre sur les travaux et à retourner à leur logement.

Art. 15. Les tambours ou clairons nécessaires pour conduire la troupe et donner les divers signaux dans les ateliers, ainsi que les factionnaires que réclamerait la garde des outils ou la surveillance des travaux, seront payés comme manœuvres.

(1) *Quatre dixièmes* au lieu de 4 % (Circulaire ministérielle du 17 juillet 1857).
Voir explications contenues dans la même circulaire.

Art. 16. Les chefs du génie civil ou militaires sont autorisés à accorder aux soldats employés aux épuisements ainsi qu'aux chargements et déchargements de matériaux, lorsque ces soldats auront montré du zèle, une prime qui pourra monter jusqu'à 0 f. 30 par journée de travail de dix heures.

Art. 17. Les retenues à opérer sur la solde des travailleurs auront lieu dans les corps, conformément aux règlements sur le service intérieur.

Art. 18. Le travail à la tâche des ouvriers militaires est interdit aux colonies.

Recevez, etc.

L'Amiral Ministre Secrétaire d'Etat de la Marine et des colonies,
HAMELIN.

PROPOSITION pour la durée de la journée de travail suivant les saisons.

Art. 1er. Les travaux seront exécutés à la journée. La journée, pour être complète, comprendra huit heures ou sept heures de travail effectif; si la durée du travail excède huit heures ou sept heures par jour, il est accordé un supplément de 0 f. 20 par heure excédant.

Les heures de nuit seront payées comme celles de jour, à raison de 0 f. 20.

Art. 2. Les ouvriers civils admis à travailler dans les directions ou autres établissements, devront, à leur arrivée, présenter leurs livrets dans les bureaux du service auquel ils seront affectés. Ils devront en même temps déclarer se soumettre aux règlements relatifs à la discipline et à la police des travaux.

Art. 3. Les heures de travail dans les ateliers seront fixées comme suit pendant toute l'année:

DATES.	ENTRÉE le matin.	DÉJEUNER.	SORTIE.	REPRISE du travail.	SORTIE de l'arsenal.
Du 1er janvier au 28 février	6 heures.	9 à 9 h. $^1/_2$.	11 heures.	2 heures $^1/_2$.	6 heures.
Du 1er mars au 15 juin...	6 heures.	Idem.	11 heures $^1/_2$.	2 heures.	5 heures.
Du 16 juin au 15 août...	7 heures.	Idem.	11 heures $^1/_2$.	2 heures.	5 heures.
Du 16 août au 31 décemb.	6 heures.	Idem.	11 heures.	2 heures.	5 heures $^1/_2$.

Saint-Denis, le 4 février 1857.

Le Directeur d'Artillerie,
LARREUR.

Vu et approuvé:
L'Ordonnateur,
LEFÉVRE.

Vu et approuvé:
Le Gouverneur,
HUBERT-DELISLE.

N° 1063. — *DÉPÊCHE* ministérielle relative à la durée du travail et à la solde des militaires employés dans les arsenaux.

Paris, le 17 Juillet 1857.

Modifications à apporter au règlement sur le travail des militaires aux colonies.

Messieurs, la mise à exécution aux colonies du règlement du 17 octobre 1856, sur la durée du travail et sur le montant de la solde à allouer aux militaires employés dans les arsenaux et les ateliers du Gouvernement, a donné lieu à diverses observations, par suite desquelles j'ai cru devoir adopter les dispositions suivantes :

1° L'article 2 avait fixé à 1/8 pour la première classe, et à 1/4 pour la deuxième classe, la proportion qui ne devait pas être dépassée dans les classes d'ouvriers à employer; cet article devra être modifié ainsi qu'il suit :

1re classe........................ **1/4**
2e classe........................ **1/2**
3e classe........................ **1/2**

2° L'article 3, qui avait fixé à 0 f. 20 c. par heure le supplément à allouer pour les heures de travail au-delà de 8 heures par jour, doit être complété de la manière suivante :

« Ce supplément est alloué aux sous-officiers
« et ouvriers militaires appartenant soit aux com-
« pagnies d'ouvriers, soit aux autres corps. »

3° Enfin l'article 10, qui fixe à 1 f. 25 et 1 f. 75 le prix de la journée de travail des caporaux surveillants d'ouvriers et les caporaux piqueurs, est applicable, dans les colonies où se trouvent des militaires du génie, aux sapeurs qui seront jugés capables de remplir les mêmes fonctions.

Par suite d'une erreur d'impression, le travail de nuit a été indiqué, à l'article 11, comme devant être payé 4 % (quatre pour cent) au lieu de 4/10 (quatre dixièmes) en sus du travail de jour correspondant.

Je crois devoir donner ici quelques explications relatives à l'application de l'article 11, dont les termes me paraissent ne pas avoir été interprétés d'une manière exacte par plusieurs colonies. Le tarif annexé au règlement du 17 octobre a été établi en prenant pour base une journée de travail de 10 heures; il demeure, par conséquent, bien entendu que la solde de travail payée aux militaires devra être calculée, pour chaque heure de travail, sur le pied de 1/10 des chiffres portés au tarif. Le tarif est établi sur une journée fictive de 10 heures. Si la journée réelle n'est que de 8, 7 ou 6 heures, la solde acquise ne sera que les 0, 8, les 0, 7, ou les 0, 6 des prix portés au tarif.

L'insertion de la présente circulaire au *Bulletin officiel* tiendra lieu de notification.

Recevez, etc.

L'Amiral, Ministre Secrétaire d'État de la Marine et des colonies,

HAMELIN.

Nº 1064. — *CIRCULAIRE ministérielle aux Gouverneurs et Commandants des colonies, portant que les fonctionnaires qui occupent par intérim ou temporairement les fonctions de Gouverneur, représentent complètement le Gouverneur titulaire et ont droit aux mêmes honneurs et préséances.*

Paris, le 27 Décembre 1861.

Messieurs,

J'ai été consulté par l'administration d'une de nos colonies sur la question de savoir comment doit être considéré et traité, sous le rapport des honneurs et préséances, l'officier appelé à remplir par intérim les fonctions de Gouverneur.

Les ordonnances organiques constitutives des colonies déterminent par qui doit être remplacé le Gouverneur en cas de mort, d'absence ou de tout autre empêchement. Il n'y a pas lieu, à cet égard, de faire de distinction sur la nature de l'empêchement. Du moment où le Gouverneur se trouve empêché par une cause quelconque, dont il ne doit compte qu'au Gouvernement de Sa Majesté, il peut, s'il est en état de le faire, désigner un remplaçant. Ce remplaçant temporaire est, d'ailleurs, indiqué par les règlements constitutifs; il ne peut être autre que celui qui a été prévu, à moins que l'Empereur n'y ait pourvu en faisant une autre désignation.

Une fois cette désignation faite, le Gouverneur provisoire ou temporaire, exerçant les fonctions par intérim, représente complètement le Gouverneur absent ou empêché, et il est le dépositaire de l'autorité de l'Empereur comme l'était le titulaire, sans qu'il y ait lieu d'élever aucune distinction entre l'exercice du pouvoir qui serait délégué et les honneurs et préséances qui seraient réservés. Dans une cérémonie publique quelconque, le Gouverneur temporaire est le remplaçant du Gouverneur, et a droit aux mêmes honneurs que le titulaire.

Telle est la règle, Messieurs, qu'il y aura lieu d'observer.

Vous comprendrez, toutefois, combien il importe, surtout dans les circonstances solennelles, que le Gouverneur nommé par Sa Majesté puisse exercer lui-même les hautes fonctions qui lui appartiennent; à moins d'un empêchement que le plus sérieux dévouement ne saurait prévenir, il doit le faire, d'abord par déférence pour l'autorité souveraine dont il est le représentant, ensuite pour éviter les difficultés auxquelles a souvent donné lieu la présence d'un intérimaire.

Je suis convaincu, Messieurs, qu'il suffit d'avoir appelé votre attention sur ce sujet pour que vous vous empressiez de faire tout ce qui dépendra de vous à cet égard.

La présente circulaire sera insérée au *Bulletin officiel.*

Recevez, Messieurs, l'assurance de ma considération très-distinguée.

Le Ministre Secrétaire d'État de la Marine et des colonies,

Comte P. DE CHASSELOUP-LAUBAT.

N° 1065. — *CIRCULAIRE ministérielle prescrivant les honneurs à rendre au Gouverneur par la Cour Impériale.*

Paris, le 10 Janvier 1862.

Monsieur le Gouverneur,

L'ordonnance du 30 septembre 1827, concernant l'organisation de l'ordre judiciaire et l'Administration de la Justice à la Réunion (art. 278 et 279) porte:

« Dans les cérémonies qui auront lieu hors du Palais de Justice, les corps judiciaires ne pourront être convoqués que par le Gouverneur; la lettre de convocation sera transmise par le Procureur Général.

« Lorsque le Gouverneur se trouvera dans le lieu de la résidence de la Cour, elle se rendra en corps à son hôtel à l'heure indiquée.

« Dans tout autre cas, les autorités se réuniront au Palais de Justice, d'où partira le cortége. »

Quelques doutes se sont élevés sur la portée et le sens véritable du dernier paragraphe.

Aux termes de l'ordonnance du **21 août 1825**, le Gouverneur, ayant la faculté, en cas d'absence ou d'empêchement, de déléguer ses pouvoirs à l'un des fonctionnaires de l'ordre administratif désignés par l'art. 34, on s'est demandé si un Gouverneur intérimaire héritait des prérogatives du titulaire, ou si, au contraire, le Gouverneur, devant être dans ce cas considéré comme absent du lieu de résidence de la Cour, celle-ci devait, à l'occasion d'une fête publique, se réunir au Palais de Justice, conformément au paragraphe précité.

D'après l'article 6 de la même ordonnance, le Gouverneur étant le dépositaire de l'autorité souveraine dans nos colonies, il importe que le fonctionnaire désigné par la loi pour occuper ce poste important, même temporairement, soit investi, pour tout ce qui n'a pas été expressément réservé, de l'autorité et des prérogatives attribuées aux fonctions qu'il est appelé à remplir.

Partant de ce principe, le Gouverneur ne peut donc être réellement considéré comme absent, lorsqu'il y a, au chef-lieu où réside la Cour, un fonctionnaire qui le remplace, conformément aux dispositions précitées.

Le paragraphe dont il s'agit me semble donc s'appliquer seulement au cas où le Gouverneur absent du chef-lieu ou empêché, n'aurait pas jugé opportun de constituer un intérimaire.

Dans ce dernier cas, la Cour devra se réunir au Palais de Justice d'où part le cortége, mais dans le premier cas, lorsque le Gouverneur a choisi un mandataire, la Cour sera tenue de se rendre, non au domicile du fonctionnaire désigné, mais à l'hôtel même du Gouverneur où l'intérimaire la recevra.

Je ne me préoccupe pas de la circonstance où la Cour impériale résiderait accidentellement dans une localité où ne se trouveraient ni le Gouverneur, ni aucun des fonctionnaires ayant qualité pour le remplacer. Le lieu de la résidence de la Cour impériale étant toujours le chef-lieu de la Colonie où siégent le Gouverneur et les fonctionnaires sus-désignés, le cas dont il est question ne serait que tout-à-fait fortuit, et alors il demeure implicitement entendu que la Cour ne pourrait que se réunir directement au siége provisoire du Palais de Justice.

En résumé, dans les cérémonies publiques qui ont lieu hors de l'enceinte du Palais de Justice, comme pour le cérémonial à observer lorsque le Gouverneur se rend à la Cour impériale, les prérogatives et honneurs dont jouit le Chef de la Colonie, aux termes des règlements en vigueur, doivent être attribués également à celui que la loi désigne pour le remplacer, et qu'il a investi de ce mandat.

Telle est l'interprétation que comportent les dispositions précitées de l'ordonnance du vingt-et-un août mil huit cent vingt-cinq. Je vous prie, Monsieur le Gouverneur, de vouloir bien notifier les présentes instructions à M. le Chef du service judiciaire chargé d'en assurer l'exécution.

Recevez, etc.

Le Ministre Secrétaire d'État de la Marine et des colonies,

Comte P. DE CHASSELOUP-LAUBAT.

N° 1066.— *DÉPÊCHE ministérielle du 15 janvier 1862 (2° direction du personnel 5° bureau, solde, revues en habillement), relative aux marins que les bâtiments de l'État laissent à l'hôpital à la Réunion.*

Monsieur le Gouverneur,

Aux termes du 3° § de l'article 60 du décret du 11 août 1856, les marins des bâtiments de l'État laissés à l'hôpital, hors de France, doivent être rappelés de leur solde, soit au titre du premier bâtiment de l'État sur lequel ils auront été embarqués, à leur sortie de l'hôpital, soit au titre du bâtiment sur lequel ils étaient embarqués, au moment de leur entrée à l'hôpital, lorsqu'ils auront été rapatriés par la voie d'un navire du commerce.

Par lettre en date du 6 novembre dernier, vous m'avez entretenu des difficultés que rencontrerait, de la part des conseils d'administration de bord, l'exécution des prescriptions ci-dessus rappelées.

Je ne m'explique pas, je vous l'avoue, les motifs pour lesquels des conseils d'administration des bâtiments se sont refusés à prendre en solde, à compter du jour de leur entrée à l'hôpital, les marins laissés à terre par des navires qui se sont éloignés de la Colonie ; et, si des faits de même nature venaient à se reproduire, vous auriez à me signaler, tout d'abord, les bâtiments dont les conseils s'en seraient rendus coupables.

Mais, de ce que certains bâtiments auraient méconnu les obligations que leur imposait l'article 60 du décret du 11 août 1856, je ne saurais admettre qu'il faille modifier une réglementation qui a pour objet de garantir les intérêts des marins et dont l'application n'a jamais rencontré de difficultés dans les autres possessions françaises.

Veuillez en conséquence, je vous prie, porter le contenu de la présente dépêche à la connaissance de l'administration placée sous vos ordres et assurer, en ce qui vous concerne, l'application rigoureuse de l'article 60 du décret du 11 août 1856.

Recevez, etc.

Le Ministre Secrétaire d'État de la Marine et des colonies,

Comte P. DE CHASSELOUP-LAUBAT.

N° 1067. — *CIRCULAIRE ministérielle prescrivant les mesures nécessaires pour les observations sur les dépêches entachées d'irrégularité.*

Paris, 18 Janvier 1862.

Monsieur le Gouverneur,

Les administrations coloniales m'ont quelquefois signalé des irrégularités à la charge de l'administration des postes au sujet des dépêches closes envoyées aux colonies par la voie des paquebots anglais.

La direction générale des postes m'a informé que les réclamations de l'espèce ne mentionnant pas toujours les dates des feuilles d'avis des bureaux d'échange de la métropole, aucun agent ne peut être rendu particulièrement responsable de ces irrégularités, surtout dans le service des bureaux ambulants, où ce ne sont pas les mêmes employés qui effectuent tous les envois pour les colonies.

Je vous prie en conséquence d'inviter les receveurs des bureaux d'échange coloniaux à fournir à l'avenir à l'appui des observations qu'ils auraient à faire, la date de toute dépêche dont la vérification donnerait lieu de relever des ir-régularités.

Recevez, etc.

Le Ministre Secrétaire d'État de la Marine et des colonies,

Pour le Ministre et par autorisation:

Le Conseiller d'État, Directeur des colonies,
Baron DE ROUJOUX.

N° 1068. — *CIRCULAIRE ministérielle au sujet du personnel de l'Enregistrement à la Réunion.*

Paris, le 20 Janvier 1862.

Monsieur le Gouverneur,

Des instructions ministérielles adressées à différentes époques aux administrations coloniales leur ont prescrit d'envoyer régulièrement à mon département des notes confidentielles sur le personnel de l'Enregistrement et des Domaines. Cependant je n'ai pas encore reçu de la Réunion les documents dont il s'agit pour les années 1860 et 1861. Je vous prie de me les adresser le plus tôt possible et de donner des ordres pour que ces notes me soient envoyées désormais avec régularité. Il devra en être de même pour tout le personnel des Contributions, sur lequel mon département n'a que des données fort incomplètes. Vous me ferez connaître chaque fois qu'il y a lieu, les avancements ou les nominations que vous aurez cru devoir conférer dans ce service aux agents servant à titre colonial.

Je saisis cette occasion pour vous communiquer quelques observations sur le personnel du service de l'Enregistrement et des Contributions. Sauf ce qui concerne la nomination des chefs de service, des vérificateurs et des titulaires des conservations, mon département a été tenu depuis longtemps en dehors du mouvement de ce personnel.

D'après d'anciennes habitudes, l'Administration coloniale a usé de la faculté de nommer et d'avancer les employés inférieurs et les receveurs. Mais malgré sa continuité, cet état de choses ne me paraît pas moins anormal, car il n'est fondé sur aucune règle précise et notamment il est loin d'être consacré par le décret du 26 septembre 1855 sur le service financier des colonies. Si, aux termes de ce décret, la nomination des percepteurs et des receveurs comptables des postes appartient aux Gouverneurs, il n'en est pas de même des employés de l'Enregistrement. Les articles 217 à 220, relatifs aux agents dont il s'agit, gardent le silence sur le mode de leur nomination. La distinction s'explique d'ailleurs par cette raison que la plus grande partie du personnel de l'Enregistrement est recrutée en France parmi les agents du cadre métropolitain, tandis que les employés servant à titre colonial ne forment qu'une exception que mon département met tous ses soins à faire peu à peu disparaître afin d'établir l'unité de personnel dans le même service, unité dont l'importance ne peut vous échapper.

Il importe donc que la Direction générale de l'Enregistrement et des Domaines soit mise à même d'exercer son contrôle sur les positions successives des agents qui sont détachés de la Métropole pour servir dans les colonies, et d'apposer son attache sur la nomination ou la promotion des employés de cette catégorie. L'action qu'elle exerce a pour but de régulariser la situation des agents du cadre continental, situation à laquelle ils sont loin d'avoir renoncé en allant continuer leurs services dans nos possessions d'outre-mer. En effet, soit qu'ils désirent être replacés dans la Métropole, soit qu'ils demandent à être admis à faire valoir leurs droits à la retraite, ils sont dans l'obligation d'en référer, par l'intermédiaire de mon département, à la direction générale de l'Enregistrement, qui est chargée d'examiner leurs titres et qui est en droit de ne pas reconnaître des grades sur l'obtention desquels elle n'a pas été appelée à donner son adhésion.

D'un autre côté, il est de l'intérêt du service que les agents de l'Enregistrement aux colonies soient tous reconnus par l'Administration de l'Enregistrement et des Domaines, et dans ce but, je suis décidé à n'admettre dans ces emplois que des jeunes gens qui sont porteurs d'un diplôme de bachelier ès-lettres ou ès-sciences, et par exception ceux qui seront pourvus du certificat de capacité délivré en conformité du décret du 23 décembre 1857. Mais je dois vous faire remarquer que ces derniers seront la plupart du temps primés par les concurrents pourvus du diplôme, s'ils ne prennent pas le soin de régulariser leur position, conformément à l'article 5 du décret précité.

Néanmoins, comme il importe de respecter les droits acquis, j'aurai soin d'établir une certaine proportion dans le mouvement des receveurs qui servent actuellement au titre colonial et qui continueront de concourir pour l'avancement avec ceux qui sont détachés du cadre métropolitain.

D'après les conditions qui précèdent, j'ai décidé qu'à l'avenir les agents métropolitains seront, sur votre proposition, nommés par mon département, de concert avec la Direction générale de l'Enregistrement et des Domaines, et que la nomination des agents qui servent au titre colonial, me sera également réservée.

Cette disposition est conforme à la situation du personnel de l'Enregistrement dans nos colonies des Antilles, de la Guyane et du Sénégal. Afin d'établir autant que possible l'uniformité dans les services analogues qui fonctionnent dans nos établissements d'outre-mer, je désire que les emplois soient classés à la Réunion comme dans nos autres colonies, ainsi qu'il suit : Chefs de service (directeurs ou inspecteurs), vérificateurs, conservateurs des hypothèques, receveurs, commis receveurs et surnuméraires.

Je vous prie en conséquence de supprimer ce titre d'aspirant surnuméraire que je vois figurer sur les notes confidentielles de la Réunion pour 1859. Les aspirants surnuméraires aujourd'hui en exercice, devront être considérés soit comme surnuméraires sans traitement soit comme commis receveurs selon la durée de leur temps de services. Vous n'ignorez pas que ce dernier grade n'est autre chose, d'ailleurs, que le surnumérariat appointé ainsi qu'il résulte des instructions émanées de mon département à la date du 14 mai 1851.

Vous voudrez bien me rendre compte, le plus tôt possible, des dispositions que vous aurez prises en exécution des ces instructions et m'adresser désormais vos propositions relatives au mouvement à opérer dans le personnel de l'Enregistrement de la Colonie.

Recevez, etc.

Le Ministre Secrétaire d'Etat de la Marine et des colonies,

Comte P. DE CHASSELOUP-LAUBAT.

N° 1069. — *DÉPÊCHE ministérielle du 24 janvier 1862, n° 10. — 2ᵉ direction : Personnel. — 4ᵉ bureau. — 2ᵉ section. Au sujet du service du génie à Sainte-Marie de Madagascar.*

Paris, le 24 Janvier 1862.

Monsieur le Gouverneur,

J'ai reçu la lettre du 6 septembre, n° 259, par laquelle vous me rendez compte de la rentrée à Saint-Denis du garde de génie Malard et du sergent qui était détaché comme piqueur à Sainte-Marie.

Par la même lettre, vous me demandez de régler d'une manière précise les attributions de M. le chef du génie de la Réunion, en ce qui concerne le service des travaux à Sainte-Marie.

Je vous ai déjà fait connaître, par ma dépêche du 23 septembre, n° 139, mes intentions au sujet du garde Malard, et je dois penser que vous vous y êtes conformé.

Les deux services du génie et des ponts-et-chaussées se trouvant aujourd'hui séparés, j'ai décidé que le garde employé à Sainte-Marie serait considéré désormais comme chef du génie. Il recevra à ce titre, indépendamment de sa solde de grade et accessoires prévus au budget, une indemnité de fonctions de 800 francs par an, remplaçant la gratification de 400 francs habituellement accordée aux gardes pour travaux extraordinaires. L'augmentation de dépense résultant de cette allocation sera prélevée sur des ressources devenues disponibles sur d'autres parties du budget. — Quant aux attributions de M. le chef du génie de la Réunion, elles consisteront dans des inspections qu'il ira faire de temps à autre à Sainte-Marie, sur ordre spécial de mon département, à l'effet d'examiner toutes les parties du service du génie et d'arrêter, de concert avec M. le Commandant de la Colonie, les projets concernant les fortifications et les bâtiments militaires.

Afin de mettre cet officier supérieur en mesure de remplir cette mission, sans que son service en souffre, j'ai le projet de lui adjoindre un capitaine en second, dont le traitement figure au budget, aussitôt que le cadre des gardes n'aura plus d'excédant. D'ici là, M. le Commandant de Sainte-Marie lui communiquera, par votre intermédiaire, les devis et projets relatifs au génie.

M. le Commandant de Sainte-Marie regrette que vous ayez rappelé à la Réunion le sergent du génie qu'il avait à sa disposition, sans lui envoyer un autre sous-officier.

Dans le but de vous mettre à même de maintenir toujours à Sainte-Marie un sergent et deux caporaux, conformément aux prescriptions de la dépêche du 11 avril 1856, je consens à ne pas réduire le nombre des sous-officiers et caporaux que vous m'avez demandés pour la compagnie indigène d'ouvriers du génie, bien qu'il en doive résulter une augmentation dans l'effectif du cadre, tel qu'il est déterminé par ma dépêche du 18 avril 1860, n° 113, concernant l'organisation de la compagnie. Le sergent et les deux caporaux détachés à Sainte-Marie devront être relevés tous les ans.

Je ne doute pas, Monsieur le Gouverneur, que vous n'entriez dans les vues exprimées dans la présente dépêche et que vous ne teniez la main à ce que les ressources de notre Colonie de la Réunion ne fassent jamais défaut à celles de Sainte-Marie de Madagascar.

Recevez, etc.

Le Ministre Secrétaire d'État de la Marine et des colonies,

Comte P. DE CHASSELOUP-LAUBAT.

N° 1070. — Par dépêche ministérielle du 26 février 1862, M. Mac-Auliffe, chirurgien de la Marine de 2ᵉ classe, est autorisé à contracter mariage avec Mademoiselle Trollé (Victorine).

N° 1071. — *DÉCISION qui détermine les parties d'auteurs grecs, latins et français, sur lesquelles doivent être interrogés les candidats au baccalauréat ès-lettres.*

Du 1ᵉʳ Mars 1862.

LE DIRECTEUR DE L'INTÉRIEUR,

Vu les règlements du 18 octobre 1858, qui disposent que le Directeur de l'Intérieur indique, chaque année, les parties d'auteurs grecs, latins et français, sur lesquelles les candidats au baccalauréat ès-lettres ou ès-sciences doivent être interrogés ;

Vu l'article 1ᵉʳ de l'arrêté du 27 novembre 1860, qui change l'époque de la session ordinaire des examens ;

Sur la proposition de l'Inspecteur de l'instruction publique,

ARRÊTE ainsi qu'il suit

Les parties d'auteurs grecs, latins et français, sur lesquelles les candidats seront interrogés pendant l'année 1862.

Auteurs grecs.

1° DÉMOSTHÈNES : Les Philippiques ;

2° PLUTARQUE : Vies d'Alexandre et de Solon ;

5° CHOIX de discours des Pères Grecs — Saint-Basile : discours adressé aux jeunes gens sur l'utilité qu'ils peuvent retirer de la lecture des auteurs païens. — Saint-Jean Chrysostôme : discours sur la disgrâce d'Eutrope ;

4° Homère : Le 9e livre de l'Iliade. — Le 1er livre de l'Odyssée ;

5° Sophocle : Antigone. — OEdipe à Colonne.

Auteurs latins.

1° Cicéron : Discours contre Catilina. — Traité de la vieillesse ;

2° César : Le 1er livre des Commentaires ;

3° Salluste : Guerre de Jugurtha ;

4° Tacite : Les deux premiers livres des Annales ;

5° Virgile : Les 11e et 12e livres de l'Énéide. — Épisodes des Géorgiques ;

6° Horace : Le 2e livre des Odes. — Art poétique.

Auteurs français.

1° Bossuet : Discours sur l'histoire universelle, 3e partie. — Oraison funèbre de la reine d'Angleterre ;

2° Fénélon : Dialogues sur l'éloquence ;

3° Massillon : Les 5e, 6e, 7° et 8° sermons du Petit Carême ;

4° Montesquieu : Considérations sur la cause de la grandeur et de la décadence des Romains ;

5° Voltaire : Siècle de Louis XIV ;

6° Corneille : Cinna. — Racine. — Athalie ;

7° Boileau : Les Épîtres. — L'Art poétique ;

8° Lafontaine : Les quatre premiers livres des Fables. — Philémon et Baucis.

Saint-Denis, le 1er mars 1862.

Ch. de Lagrange.

Nº 1072. — *ARRÊTÉ qui établit au Champ-Borne (commune de Saint-André) une école de filles dirigée par les sœurs de Saint-Joseph.*

Du 3 Mars 1862.

Nous Gouverneur de l'ile de la Réunion,

Vu l'art. 34 de l'ordonnance du 21 août 1825 ;

Vu le budget du service local pour l'exercice 1862;

Vu le procès-verbal des délibérations du Conseil général;

Sur le rapport du Directeur de l'Intérieur,

Avons arrêté et arrêtons :

Art. 1er. Il est établi au Champ-Borne (commune de Saint-André), une école de filles, dirigée par les sœurs de Saint-Joseph.

2. Les trois sœurs qui dirigent cette école seront mises en solde à compter du 1er janvier 1862, et la dépense qui en résultera sera imputée au budget du Service local—Section 1re. Chapitre 1er. — Dépenses obligatoires. Personnel. Écoles primaires.

3. Il est alloué à la supérieure des sœurs de Saint-Joseph une somme de trois mille francs pour frais d'installation de la dite école, imputables sur le budget du Service local—Chap. 2. Matériel. — Art. 3. Loyer et mobilier. Loyers pour les écoles et les institutions.

4. Le Directeur de l'Intérieur est chargé de l'exécution du présent arrêté qui sera déposé au Contrôle colonial.

Saint-Denis, le 3 mars 1862.

Baron DARRICAU.

Par le Gouverneur :

Le Directeur de l'Intérieur,

CH. DE LAGRANGE.

N° 1073. — Par ordre du Gouverneur en date du 11 mars 1862, sur la proposition de l'Ordonnateur, une Commission composée de :

MM. Bridet, lieutenant de vaisseau, président;

De Gaillande, sous-commissaire de marine;

MM. Potier de la Houssaye, lieutenant de
    vaisseau;
    Le plus ancien des capitaines des navires
    du commerce présents sur la rade de
    Saint-Denis,

est nommée pour procéder à une enquête sur les
circonstances de la perte du navire de commerce
l'*Etienne*, de Nantes, capitaine Jetterat, surve-
nue à Sainte-Rose, le 9 mars 1862.

N° 1074.—Par ordre de service de l'Ordonnateur en date du 11 mars 1862, les laveuses
employées à l'hôpital pour le service des lits militaires, seront, à dater du 1er mars 1862, payées,
comme les autres journaliers de l'hôpital, conformément au tarif de la solde et des accessoires
de solde des agents inférieurs des hôpitaux, du
1er novembre 1859.

N° 1075. — *ARRÊTÉ portant avertissement au
journal* La Malle.

Du 13 Mars 1862.

Nous Gouverneur de l'île de la Réunion,

Vu l'article 42 de l'ordonnance organique du
21 août 1825, et l'arrêté du 27 avril 1859 qui
règlent le régime de la presse périodique de la
Réunion ;

Vu le n° 123 du journal *La Malle* en date du 6
de ce mois, contenant un article commençant par
ces mots : « Dans un second article » et terminé
par ceux-ci : « La plus parfaite honnêteté. »

Attendu que l'article sus-dit contient des insi-
nuations blessantes pour un des services publics
de la Colonie;

Sur le rapport du Directeur de l'Intérieur,

De l'avis du Conseil privé,

Avons arrêté et arrêtons :

Art. 1er. Un avertissement est donné au journal *La Malle*, dans la personne de M. Henri Ozoux, son gérant.

2. Le Directeur de l'Intérieur est chargé de l'exécution du présent arrêté, qui sera inséré textuellement au *Moniteur* et en tête du prochain numéro du journal *La Malle*.

Saint-Denis, le 13 mars 1862.

Baron DARRICAU.

Par le Gouverneur :

> *Le Directeur de l'Intérieur,*
> CH. DE LAGRANGE.

N° 1076. — *ARRÊTÉ au sujet du personnel de la Police.*

Du 13 Mars 1862.

Nous Gouverneur de l'île de la Réunion,

Vu les articles 9 et 13 du sénatus-consulte du 3 mai 1854 réglant la constitution des colonies ;

Vu l'arrêté local du 8 avril 1853 sur les eaux et forêts, ensemble l'article 4, § 9, de notre arrêté du 27 décembre 1861, concernant la réorganisation du service de la police générale dans la Colonie ; .

Vu le rapport du Chef du service des eaux et forêts et les observations du Commissaire central inspecteur ;

Vu le budget du service local pour l'exercice 1862 ;

Attendu que, dans sa dernière session, le Conseil général a émis le vœu que des postes détachés de police soient établis dans les hauts de tous les quartiers de l'Ile, en augmentant pour cela, dans une suffisante proportion, l'effectif du personnel de ce service ;

Que, pour concilier cette augmentation de personnel avec les ressources du budget, le Conseil général a proposé d'incorporer les agents subalternes des eaux et forêts (brigadiers et gardes) dans la police générale, à laquelle incomberait désormais le soin de surveiller les forêts et d'assurer l'exécution des prescriptions du régime forestier ;

Voulant en outre, tout en donnant satisfaction au vœu exprimé par le Conseil général, conserver l'action d'un service spécial dans l'intérêt du repeuplement des forêts et de la conservation des eaux ;

Sur le rapport du Directeur de l'intérieur,

Le Conseil privé entendu,

AVONS ARRÊTÉ ET ARRÊTONS :.

Art. 1er. L'effectif des agents subalternes de la police générale est augmenté de 43 hommes dont 13 brigadiers et 30 gardes, qui seront répartis suivant les besoins du service dans les postes des hauts.

Les agents du service des forêts aujourd'hui en exercice seront admis, de préférence aux autres candidats, dans les cadres de la police générale pour en compléter le nouvel effectif.

2. Il n'est rien changé à la composition actuelle du personnel des employés supérieurs des eaux et forêts ; seulement, le cadre des agents subalternes de ce service est réduit à quatre brigadiers.

Ces brigadiers jouiront d'un traitement annuel de 1,800 francs ; ils concourront à la surveillance des propriétés forestières domaniales et seront chargés de la conduite des ateliers de sylviculture.

3. Les agents de la force publique, et particulièrement ceux de la police générale, concourront à la recherche et à la constatation des contraven-

tions et des délits en matière forestière. Ils **exer-**
ceront pour la surveillance des forêts les attributions conférées aux agents forestiers par l'arrêté
du 8 avril 1853.

4. Les commissaires de police et les chefs des bri-
gades de gendarmerie adresseront, dans les délais
légaux, les premiers au Commissaire central inspecteur, les autres à leur chef de corps, les
procès-verbaux de contravention au régime forestier qui seront rapportés par les agents ou gendar-
mes sous leurs ordres.

Ces procès-verbaux seront d'ailleurs **transmis**
par le Commandant de la gendarmerie et le Commissaire central inspecteur au Chef du service des
forêts qui en saisira les magistrats compétents,
comme il est prescrit par l'article 2 de l'arrêté du
8 avril précité.

5. Il sera pourvu à la dépense de première mise d'armement, d'équipement et de casernement
pour les agents qui, du service des forêts passe-
ront dans celui de la police générale, au moyen
d'un versement de deux cents francs par homme,
qui sera fait à la masse d'armement et de casernement de la police par celle du service des eaux
et forêts.

6. Les dispositions du présent arrêté seront
exécutées à compter du 1ᵉʳ avril prochain.

7. Le Directeur de l'Intérieur et le Procureur
Général sont chargés, chacun en ce qui le concerne, de l'exécution du présent arrêté, qui sera publié et inséré au *Bulletin officiel* de la Colonie.

Saint-Denis, le 13 mars 1862.

Baron DARRICAU.

Par le Gouverneur :

Le Directeur de l'Intérieur,   *Le Procureur Général,*
CH. DE LAGRANGE.   JUSTIN BERET.

Enregistré à la Cour impériale, le 21 mars 1862.

N° 1077. — ARRÊTÉ *concernant les mutations dans le personnel de l'Enregistrement et des Domaines.*

Du 15 Mars 1862.

Nous Gouverneur de l'ile de la Réunion,

Vu l'article 9 du sénatus-consulte du 3 mai 1854;

Vu l'article 104, § 46, de l'ordonnance du 21 août 1825;

Vu les demandes de permutation formées par MM. Boilloux et Tabouret;

Vu la proposition du Chef du service de l'Enregistrement et des Domaines;

Sur le rapport du Directeur de l'Intérieur,

Avons arrêté et arrêtons :

Art. 1er. M. Boilloux (Napoléon-Charles), receveur de l'Enregistrement au bureau de Saint-Pierre (actes civils), est nommé receveur de l'Enregistrement et des Domaines à Saint-André.

2. M. Tabouret (Joseph), receveur de l'Enregistrement et des Domaines à Saint-André, est nommé receveur de l'Enregistrement au bureau de Saint-Pierre (actes civils) en remplacement de M. Boilloux.

3. Le Directeur de l'Intérieur est chargé de l'exécution du présent arrêté qui sera publié et inséré au *Bulletin officiel* de la Colonie.

Saint-Denis, le 15 mars 1862.

Baron DARRICAU.

Par le Gouverneur :

Le Directeur de l'Intérieur,
Ch. DE LAGRANGE.

Nº 1078.—*ARRÊTÉ qui ouvre à l'Ordonnateur un crédit provisoire de 10,000 francs, sur l'exercice 1861, au compte du Chapitre 1er du Budget de la Marine et des colonies, Service colonial.*

Du 19 Mars 1862.

Nous Gouverneur de l'île de la Réunion,

Vu la situation des crédits délégués à l'Ordonnateur pour l'acquittement des dépenses du Chapitre 1er, Service colonial du Budget de la Marine et des colonies, exercice 1861;

Attendu qu'il y a lieu de suppléer à l'insuffisance de ces crédits, pour ne pas laisser en souffrance l'acquittement de dépenses résultant de services faits;

Attendu que l'application de l'article 85 du règlement du 31 octobre 1840, sur la comptabilité du Département de la Marine, relatif au paiement sur réquisition de l'Ordonnateur en cas d'insuffisance de crédits, devant strictement être limitée à des dépenses de solde, de frais de conduite, etc., ne remédierait qu'en partie à la situation sur laquelle il y a lieu de statuer;

Attendu que les fonds réservés pour pourvoir aux dépenses payables en France, paraissent excéder les prévisions, et doivent laisser un disponible suffisant pour couvrir les dépenses restant à payer dans la Colonie;

Vu les arrêtés du 10 décembre 1861 et 17 février 1862 par lesquels ont été ouverts des crédits provisoires s'élevant à 84,000 francs pour le personnel et à 9,500 francs pour le matériel;

Vu l'article 5 du décret sur le service financier des colonies, du 26 septembre 1855, qui, dans un cas à peu près analogue autorise les Gouverneurs, s'il y a urgence, à ouvrir aux Ordonnateurs les crédits nécessaires pour l'acquittement des dépenses;

Vu l'article 9 du sénatus-consulte qui règle la constitution des colonies, du 3 mai 1854, et usant des pouvoirs extraordinaires qui nous sont dévolus;

Sur le rapport de l'Ordonnateur, et de l'avis du Conseil privé,

AVONS ARRÊTÉ ET ARRÊTONS :

Art. 1er. Le crédit suivant est ouvert à l'Ordonnateur sur les fonds du budget de la Marine et des colonies, Service colonial, exercice 1861, pour l'acquittement de dépenses résultant de services faits au compte du dit exercice.

Savoir :

Chapitre 1er. — Personnel civil et militaire........................ 10,000 fr.

2. Ce crédit est provisoire; le montant en sera cumulé avec les crédits de délégation précédemment accordés; il sera annulé à l'arrivée des ordonnances régulières du Département.

3. L'Ordonnateur est chargé de l'exécution du présent arrêté, qui sera enregistré partout où besoin sera et inséré au *Bulletin officiel* de la Colonie.

Saint-Denis, le 19 mars 1862.

Baron DARRICAU.

Par le Gouverneur :

L'Ordonnateur,

DESMAZES.

Nº 1079. — *ARRÊTÉ qui autorise la commune de Saint-Benoît à acquérir un terrain.*

Du 19 Mars 1862.

NOUS GOUVERNEUR DE L'ILE DE LA RÉUNION,

Vu l'article 64 de l'arrêté du 12 novembre 1848 sur l'organisation municipale;

Vu la délibération du Conseil municipal de la commune de Saint-Benoit dans sa séance du 13 mai 1861 ;

Sur le rapport du Directeur de l'Intérieur ;
Le Conseil privé entendu,

AVONS ARRÊTÉ ET ARRÊTONS :

Art. 1er. La commune de Saint-Benoit est autorisée à acquérir de Mme veuve et héritiers Amédée Moy de Lacroix, à raison de deux francs par mètre carré, le terrain nécessaire pour former un chemin de huit mètres de largeur, conduisant de la route Impériale à l'établissement des Frères de Sainte-Anne.

2. Le Directeur de l'Intérieur est chargé de l'exécution du présent arrêté, qui sera enregistré où besoin sera et inséré au *Bulletin officiel* de la Colonie.

Saint-Denis, le 19 mars 1862.

Baron DARRICAU.

Par le Gouverneur :
Le Directeur de l'Intérieur,
CH. DE LAGRANGE.

Nº 1080. — *ARRÊTÉ qui autorise la commune de Saint-Benoit à acquérir deux terrains.*

Du 19 Mars 1862.

NOUS GOUVERNEUR DE L'ILE DE LA RÉUNION,

Vu l'article 64 de l'arrêté du 12 novembre 1848 sur l'organisation municipale ;
Vu la délibération du Conseil municipal de la commune de Saint-Benoit dans sa séance du 17 septembre 1861 ;

Sur le rapport du Directeur de l'Intérieur ;
Le Conseil privé entendu,

AVONS ARRÊTÉ ET ARRÊTONS :

Art. 1er. La commune de Saint-Benoit est

autorisée à acquérir de Mme veuve Selhausen et de ses enfants, pour l'agrandissement des emplacements occupés au Bras-Panon par les écoles primaires de garçons et de filles, moyennant la somme de mille francs chacun, deux terrains situés dans cette localité, présentant chacun une superficie de vingt-quatre ares environ et bornés comme suit: le premier, au Nord et à l'Est par les vendeurs, au Sud par le chemin communal, et à l'Ouest par les représentants Lefebvre, un chemin entre; le second, au Nord et à l'Ouest par les vendeurs, au Sud par le chemin communal, et à l'Est par les représentants de Mme Jolimond Moran.

2. Le Directeur de l'Intérieur est chargé de l'exécution du présent arrêté, qui sera enregistré où besoin sera et inséré au *Bulletin officiel* de la Colonie.

Saint-Denis, le 19 mars 1862.

Baron DARRICAU.

Par le Gouverneur:

Le Directeur de l'Intérieur,

CH. DE LAGRANGE.

N° 1081.—*ARRÊTÉ qui autorise la commune de Saint-Pierre à contracter un emprunt de 120,000 francs pour l'acquisition de dragueuses à vapeur.*

Du 19 Mars 1862.

NOUS GOUVERNEUR DE L'ILE DE LA RÉUNION,

Vu l'article 9 du sénatus-consulte du 3 mai 1854, réglant la constitution des colonies;

Vu l'article 64 de l'arrêté du 12 novembre 1848 concernant l'organisation municipale;

Vu l'article 126 du décret du 26 septembre

1855 sur le régime financier des colonies;

Vu le procès-verbal des délibérations du Conseil municipal de Saint-Pierre en date du 13 février 1862, par lequel il demande à contracter, pour l'acquisition d'une machine à vapeur destinée au creusement du port, un emprunt de cent vingt mille francs, remboursable en quatre termes égaux;

Vu le budget de la commune de Saint-Pierre pour l'année 1862;

Considérant que les ressources de cette commune lui permettent d'acquitter en quatre annuités l'emprunt qu'elle demande à contracter, sans nuire à la marche du service et sans entraver les travaux qu'elle a en cours d'exécution;

Sur le rapport du Directeur de l'Intérieur,

Le Conseil privé entendu,

AVONS ARRÊTÉ ET ARRÊTONS :

Art. 1er. La commune de Saint-Pierre est autorisée à contracter un emprunt de la somme de cent vingt mille francs pour être spécialement affecté à l'acquisition de dragueuses à vapeur et leurs accessoires, pour le creusement du port, sous les conditions suivantes :

1° La somme de cent vingt mille francs sera empruntée valeur du 5 avril 1862 et versée par les prêteurs le même jour ;

2° Les intérêts de la somme empruntée seront payés annuellement au 5 avril de chaque année au taux accepté par la commune qui ne pourra cependant être au-dessus de neuf pour cent;

3° Le capital emprunté sera remboursable en quatre termes égaux :

Savoir :

Un quart au 5 avril 1863 ;
Un quart au 5 avril 1864 ;
Un quart au 5 avril 1865 ;
Un quart au 5 avril 1866.

4° La commune de Saint-Pierre remettra en paiement aux prêteurs, des obligations au porteur de mille francs chacune, aux échéances ci-dessus fixées pour le remboursement du capital et des intérêts.

Il sera réservé au dos, de ces obligations, des cases spéciales pour la mention du paiement des intérêts annuels, par l'apposition du cachet de la Mairie.

5° Il sera fait, par la voie des journaux, appel à la concurrence pour la réalisation de l'emprunt ci-dessus, avec indication du mode de versement en capital et intérêts.

Les concurrents devront faire leurs offres par soumissions cachetées à la Mairie de Saint-Pierre dans les quinze jours qui suivront le premier avis. Ces soumissions devront contenir l'acceptation par les souscripteurs des conditions générales fixées par la commune et l'indication du taux de l'intérêt auquel ils s'engagent à faire le prêt;

6° Dans le cas où, au jour fixé pour l'ouverture des soumissions cachetées, aucune ne pourrait remplir le vœu de la commune, le Maire est autorisé à traiter directement avec les bailleurs de fonds qui se présenteraient, sans que le taux de l'intérêt puisse dépasser neuf pour cent.

Le Maire est pareillement autorisé, au dit cas, à subdiviser les actions de mille francs en obligations de cinq cents francs ;

7° Le remboursement de l'emprunt en capital et intérêts figurera chaque année au budget, au chapitre des dépenses obligatoires.

2. Le Directeur de l'Intérieur est chargé de l'exécution du présent arrêté, qui sera publié, enregistré où besoin sera, inséré au *Bulletin*

officiel de la Colonie et déposé au Contrôle colonial.

Saint-Denis, le 19 mars 1862.

Baron DARRICAU.

Par le Gouverneur :
Le Directeur de l'Intérieur,
CH. DE LAGRANGE.

* * *

N° 1082. — *DÉCISION qui accorde à l'élève Gangnant (Ferdinand) boursier au* **Lycée Impérial,** *une prolongation d'une année d'études.*

Du 20 Mars 1862.

LE DIRECTEUR DE L'INTÉRIEUR,

Vu le rapport de l'Inspecteur de l'instruction publique en date du 24 février dernier ;

DÉCIDE :

Art. 1er. Il est accordé à l'élève Gangnant (Ferdinand), boursier au Lycée Impérial, une prolongation d'études d'une année.

2. La présente décision sera déposée au Contrôle colonial.

Saint-Denis, le 20 mars 1862.

CH. DE LAGRANGE.

* * *

N° 1083. — *ARRÊTÉ qui nomme M. Villette assesseur de l'arrondissement du Vent.*

Du 24 Mars 1862.

NOUS GOUVERNEUR DE L'ILE DE LA RÉUNION,

Vu l'article 9, § 2, du sénatus-consulte du 3 mai 1854 ;

Vu les articles 161 et 172, § 3, de l'ordonnance d'organisation judiciaire du 30 septembre 1827 ;

Vu le départ pour la France de M. Laugaudin qui faisait partie du collége des assesseurs de l'arrondissement du Vent ;

Sur la proposition du Procureur Géuéral,

Le Conseil privé entendu,

AVONS ARRÊTÉ ET ARRÊTONS ce qui suit :

Art. 1er. M. Villette, chirurgien principal de la marine, est nommé assesseur de l'arrondissement du Vent, en remplacement de M. Laugaudin, parti pour la France.

2. Le Procureur Général est chargé de l'exécution du présent arrêté, qui sera lu, publié et enregistré partout où besoin sera.

Fait à Saint-Denis, le 21 mars 1862.

Pour le Gouverneur empêché :

L'Ordonnateur,

DESMAZES.

Par le Gouverneur :

Pour le Procureur Général empêché :

Le Procureur Impérial,

PRÉAUX-LOCRÉ.

Enregistré à la Cour Impériale, le 22 mars 1862.

Nº 1084. — *ARRÊTÉ portant concessions de bourses au Lycée Impérial.*

Du 22 Mars 1862.

NOUS GOUVERNEUR DE L'ILE DE LA RÉUNION,

Vu l'arrêté du 16 août 1854 qui règle le mode de distribution des bourses au Lycée impérial de Saint-Denis ;

Vu le procès-verbal des opérations du comité d'examen dans ses séances des 24 et 26 décembre 1861 ;

Vu le rapport de l'Inspecteur de l'Instruction publique, en date du 24 février dernier ;

Sur la proposition du Directeur de l'Intérieur,

AVONS ARRÊTÉ ET ARRÊTONS :

Art. 1er. Il est accordé : 1° à l'élève Du Trévou (Stephen) la bourse entière laissée vacante par le jeune Burel, sortant ;

2° A l'élève Cotteret (Paul) les 3/4 de bourse laissés vacants par la promotion du jeune Du Trévou à une bourse entière.

3° Aux élèves Bertin d'Avesnes (Alexandre), Campagnac (Louis-Napoléon), Ferrère (Lucien-Jean-Baptiste) et Leflem (Hyacinthe-Henri) les 1/2 bourses laissées vacantes par la promotion des élèves Cotteret (Paul) et la sortie des élèves Mondon et Pignolet (Ferréol).

2. Le Directeur de l'Intérieur est chargé de l'exécution du présent arrêté qui sera déposé au Contrôle colonial.

Saint-Denis, le 22 mars 1862.

Baron DARRICAU.

Par le Gouverneur :

Le Directeur de l'Intérieur,

CH. DE LAGRANGE.

Nº 1085. — *DÉCISION concernant les aspirants répétiteurs au Lycée.*

Du 23 Mars 1862.

LE DIRECTEUR DE L'INTÉRIEUR,

Vu le budget du service local pour l'exercice 1862 ;

Sur les propositions de l'Inspecteur de l'instruction publique,

DÉCIDE :

Art. 1er. Sont nommés provisoirement aspirants répétiteurs au Lycée :

MM. Nativel (Hyppolite),
Sellier (François-Aimé),
Toyon (Jules).

Ils jouiront en cette qualité d'un traitement annuel de quinze cents francs , à compter du 1er mars courant.

2. La démission de M. Gavarry, aspirant répétiteur provisoire, est acceptée à compter du 1er février 1862.

3. La présente décision sera déposée au Contrôle colonial.

Saint-Denis , le 23 mars 1862.

CH. DE LAGRANGE.

N° 1086.— *ARRÊTÉ qui nomme une Commission spéciale chargée de réviser la législation en vigueur sur les eaux et forêts.*

Du 24 Mars 1862.

NOUS GOUVERNEUR DE L'ILE DE LA RÉUNION,

Vu l'article 9 du sénatus-consulte du 3 mai 1854 ;

Vu l'arrêté local du 8 avril 1853 sur l'organisation du service des eaux et forêts et l'établissement d'un régime forestier dans la Colonie ;

Vu le règlement du 18 septembre 1854 pour le service des eaux et forêts ;

Vu l'article 158 du décret du 26 septembre 1855 sur le service financier des colonies ;

Vu la dépêche ministérielle du 15 avril 1856, n° 187 ;

Sur la proposition du Directeur de l'Intérieur,

AVONS ARRÊTÉ ET ARRÊTONS :

Art. 1er. Une Commission spéciale est chargée de réviser la législation en vigueur sur les eaux et forêts et de préparer tant sur le régime forestier que sur l'organisation du service des forêts, les projets d'actes législatifs à soumettre à la sanction des pouvoirs compétents ;

Cette Commission est également chargée de donner son avis sur la question de savoir si le service des forêts ne devrait pas être constitué à part et séparé du service de l'Enregistrement et des Domaines auquel il se trouve annexé.

2. La Commission se réunira sous la présidence de M. le Procureur Général.

Sont nommés membres de cette Commission :

MM. Laffon, conseiller près la Cour impériale ;

Chrétien, président du Tribunal de 1re instance de Saint-Denis, qui remplira les fonctions de rapporteur ;

Desprez, vice-président du Conseil général, propriétaire ;

Toussaint de Quièvrecourt, membre du Conseil général, avocat ;

Échernier, inspecteur, chef du service de l'Enregistrement et des Domaines ;

Desaïfres, chef du service de la police, ancien inspecteur des eaux et forêts.

3. Le Directeur de l'Intérieur et le Procureur Général sont chargés, chacun en ce qui le concerne, de l'exécution du présent arrêté qui sera enregistré où besoin sera.

Saint-Denis, le 24 mars 1862.

Baron DARRICAU.

Par le Gouverneur :

Le Directeur de l'Intérieur,

CH. DE LAGRANGE.

N° 1087. — *DÉCISION qui accorde aux jeunes de Palmas (Pierre-Marie-Edgard) et Déliard (Francisque Louis-Napoléon) deux bourses au Lycée Impérial.*

Du 24 Mars 1862.

LE DIRECTEUR DE L'INTÉRIEUR,

Vu les articles 3 et 5 de l'arrêté du 16 août 1854, qui règle le mode de distribution des bourses coloniales et communales au Lycée Impérial de Saint-Denis ;

Vu le procès-verbal des opérations du Comité d'examen dans ses séances des 24 et 26 décembre dernier ;

Vu le rapport de l'Inspecteur de l'instruction publique en date du 24 décembre ;

Vu le procès-verbal des délibérations du Conseil municipal de Saint-Denis dans sa séance du 17 mars courant ;

DÉCIDE :

Art. 1er. Il est accordé aux jeunes de Palmas (Pierre-Marie-Edgard) et Déliard (Francisque-Louis-Napoléon) deux bourses communales au Lycée Impérial.

2. La présente décision sera déposée au Contrôle colonial.

Saint-Denis, le 24 mars 1862.

CH. DE LAGRANGE.

N° 1088. — *ARRÊTÉ portant fixation de la solde de travail des militaires de la compagnie disciplinaire, employés aux travaux des divers services publics à la Réunion.*

Du 27 Mars 1862.

Nous Gouverneur de l'île de la Réunion,

Vu l'article 15, § 2, de l'ordonnance organique du 21 août 1825;

Vu les diverses dispositions locales qui ont fixé la solde des ouvriers à la Réunion, notamment les arrêtés ministériels des 17 octobre 1856 et 17 juillet 1857, relatifs aux militaires employés dans les arsenaux et dans les ateliers du Gouvernement aux colonies;

Vu les décret et instructions qui ont réglé l'organisation des compagnies disciplinaires des colonies;

Ayant à déterminer la solde de travail des militaires de ce corps à la Réunion, en tenant compte de la nécessité de porter l'ordinaire des hommes qui le composent à un chiffre en rapport avec les charges de cette partie essentielle de leur entretien, et de couvrir leur masse industrielle des effets de linge et de chaussure qu'ils perdront ou useront sur les travaux, et statuant à cet égard provisoirement et sous réserve de l'approbation de S. Exc. le Ministre;

Sur le rapport de l'Ordonnateur,

Avons arrêté et arrêtons :

Art. 1er. La solde de travail des militaires de la 4e compagnie disciplinaire, employés aux travaux des divers services publics, est fixée ainsi qu'il suit :

Ouvriers d'art de 1re classe par jour.. 1f 00
     Idem   2e classe idem... 0 75
Manœuvres ou terrassiers   idem... 0 50

Ces prix sont ceux d'une journée de travail. Pour l'application il y a donc lieu de les fractionner par dixième et de se conformer, quant aux professions, aux distinctions établies à l'article 10 de l'arrêté ministériel du 17 octobre 1856.

2. Les sous-officiers, caporaux, tambours et clairons qui dirigent ou accompagnent les disciplinaires sur les travaux, reçoivent les allocations réglées par les arrêtés ministériels des 17 octobre 1856 et 17 juillet 1857.

3. L'augmentation à accorder aux disciplinaires pour des travaux d'épuisements, de chargements et de déchargements de matériaux et autres extraordinaires, ou à ceux qui se seront fait remarquer par leur zèle, est laissée à l'appréciation des directeurs de travaux, sans qu'elle puisse toutefois excéder, par journée, les deux dixièmes des prix fixés par l'article 1er ci-dessus.

4. Les officiers dont la présence sera nécessaire sur les travaux en raison de l'effectif des travailleurs employés, lorsqu'ils seront appelés à un service permanent à plus de *quatre kilomètres* exigeant des déplacements de tous les jours, recevront une indemnité mensuelle de *cent vingt francs*.

Lorsqu'ils seront obligés de coucher et de se nourrir sur les lieux des travaux, à plus de quatre kilomètres de leur résidence habituelle, l'indemnité à leur payer, au compte des dits travaux, sera l'équivalent des frais de route et de séjour règlementaires.

Dans les autres cas, ils seront traités conformément à l'article 13 de l'arrêté ministériel du 17 octobre 1856.

L'emploi d'un officier sera toujours autorisé par un ordre du Gouverneur.

5. La répartition de la solde de travail entre l'ordinaire des disciplinaires, leur masse individuelle et les sous de poche, aura lieu conformément aux règles spéciales du service intérieur des corps.

6. Les disciplinaires pourront être employés

par des entrepreneurs particuliers, mais exceptionnellement, dans les conditions réglées par S. Exc. le Ministre, et après autorisation spéciale du Gouverneur, portant fixation de la solde de travail à leur allouer dans ce cas ainsi que des indemnités à payer aux officiers, sous-officiers et caporaux surveillants.

7. Les dispositions des arrêtés ministériels des 17 octobre 1856 et 17 juillet 1857, portant règlement sur la durée du travail et le montant de la solde de travail à allouer aux militaires employés dans les arsenaux et dans les ateliers du Gouvernement aux colonies, sont applicables à la 4ᵉ compagnie disciplinaire, en tout ce qui n'est pas contraire aux prescriptions qui précèdent.

8. La solde de travail et les indemnités de surveillance fixées par les articles 1ᵉʳ à 4 seront payées à raison de tous les travaux exécutés pour les divers services publics par la 4ᵉ compagnie disciplinaire depuis son arrivée dans la Colonie.

9. L'Ordonnateur et le Directeur de l'Intérieur sont chargés, chacun en ce qui le concerne, de l'exécution du présent arrêté, qui sera enregistré partout où besoin sera et inséré au *Bulletin officiel* de la Réunion.

Saint-Denis, le 27 mars 1862.

Baron DARRIGAU.

Par le Gouverneur :

L'Ordonnateur,
DESMAZES.

Le Directeur de l'Intérieur,
CH. DE LAGRANGE.

**N° 1089. — *ARRÊTÉ qui fixe le tonneau d'affrè-
tement à appliquer aux animaux vivants.***

Du 29 Mars 1862.

Nous Gouverneur de l'ile de la Réunion,

Vu l'article 9 du sénatus-consulte du 3 mai
1854 réglant la constitution des colonies ;

Vu la loi du 3 juillet 1861 sur le régime com-
mercial des colonies de la Réunion, de la Marti-
nique et de la Guadeloupe ;

Vu le décret du 25 août 1861 qui règle le mode de perception de la surtaxe de pavillon établie
par la loi sus-visée ;

Attendu que le tarif de douane annexé au sus-
dit décret ne fait pas mention du tonneau d'affrètement à appliquer aux animaux de la race bo-
vine et autres, et qu'il est indispensable de suppléer immédiatement à cette lacune afin de ne pas
suspendre indéfiniment toute importation de cette
nature par navire étranger ;

Sur le rapport du Directeur de l'Intérieur,

Le Conseil privé entendu,

AVONS ARRÊTÉ ET ARRÊTONS :

Art. 1er le tonneau d'affrètement à appliquer
aux animaux vivants est ainsi réglé :

Bœufs, vaches et taureaux, avec leurs vivres	4	
Veaux, moutons, cabris, porcs, idem	6	pour un tonneau
Volailles de toute espèce, idem	100	
Tortues de Madagascar, idem	100	
Idem d'Aldabra, idem	50	

2. Le Directeur de l'Intérieur est chargé de
l'exécution du présent arrêté, qui sera publié et
inséré au *Bulletin officiel* de la Colonie.

Saint-Denis, le 29 mars 1862.

Baron DARRICAU.

Par le Gouverneur :

Le Directeur de l'Intérieur,

CH. DE LAGRANGE.

N° 1090. — *ARRÊTÉ portant organisation de l'Hôpital Colonial.*

Du 29 Mars 1862.

Nous Gouverneur de l'île de la Réunion,

Considérant que le marché passé par l'Admi·nistration avec MM. Le Siner et Sainte-Colombe, expirant le 1er avril prochain, il importe de déterminer les conditions nouvelles qui devront, à partir de cette date, régir l'établissement connu sous la dénomination d'*Hospice Civil de Saint-Denis* ;

Considérant que cet établissement n'est pas un hospice municipal, mais un établissement d'intérêt général dont l'utilité s'étend à toute la Colonie ;

Sur le rapport du Directeur de l'Intérieur,

Le Conseil privé entendu,

Avons arrêté et arrêtons :

Art. 1er. L'Etablissement connu sous la dénomination d'*Hospice Civil de Saint-Denis* prendra désormais le titre d'**Hôpital Colonial.**

Il sera administré en régie comme service de la Direction de l'Intérieur, ainsi qu'il est dit ci-après.

2. Seront reçus et traités à l'Hôpital Colonial :

Pour compte du Service Local ou des Administrations Municipales :

1° Tous les fonctionnaires des services civils ayant rang d'officier, jusqu'au rang de capitaine inclusivement ;

2° Les agents des divers services ;

3° Les engagés de l'Atelier colonial ;

4° Les indigents des deux sexes ;

5° Les condamnés atteints de maladies autres que celles qui peuvent être traitées à l'infirmerie de la geôle ;

6° Les condamnés correctionnels de l'Atelier de discipline;

7° Les femmes atteintes de maladies syphilitiques (Dispensaire);

8° Les aliénés en observation.

Pour compte de divers :

1° Les officiers et marins de la marine marchande, quand ils en feront la demande;

2° Les malades traités à leurs frais;

3° Les engagés des particuliers;

4° Les immigrants avant répartition.

3. Les malades désignés en l'article précédent seront divisés en cinq catégories, savoir :

1re Catégorie : Fonctionnaires du Service Local ou Municipal ayant rang d'officiers — Officiers de la marine du commerce.

2e Catégorie : Agents subalternes du Service Local ou Municipal — Marins du Commerce — Indigents blancs.

3e Catégorie : Indigents affranchis — Engagés au compte de leurs engagistes — Immigrants— Aliénés.

4e Catégorie : Condamnés disciplinaires.

5e Catégorie : Dispensaire.

Ces trois dernières catégories n'en forment qu'une sous le rapport du régime alimentaire.

4. Les frais d'hôpital des malades autres que ceux traités au compte du Service Local seront remboursés à la Colonie d'après un prix de journée réglé suivant la catégorie à laquelle les malades appartiennent, et dont le taux sera ultérieurement fixé.

5. Le mode d'admission est réglé ainsi qu'il suit:

Les fonctionnaires et agents des divers services de la Colonie devront être munis d'un billet d'entrée délivré par le Chef du Bureau de la Solde de la Direction de l'Intérieur;

Les engagés de l'Atelier colonial, d'un billet délivré par le Directeur de l'Atelier ;

Les indigents, d'un billet d'entrée accompagné d'un certificat d'indigence délivré par le Maire de leur commune ;

Les condamnés disciplinaires seront reçus sur une simple liste dressée par le médecin chargé du service de la Geôle et de l'Atelier de discipline ;

Les officiers et matelots du Commerce seront admis sur billets d'entrée délivrés par le Commissaire de l'inscription maritime. Le Commissaire de l'inscription maritime indiquera si les marins sont traités à leurs frais ou au compte de l'armement. Il prendra toutes les dispositions nécessaires pour assurer en toute circonstance le remboursement des frais d'hôpital de cette catégorie de malades.

Tout particulier qui voudra se faire traiter à ses frais en fera, au moment de son entrée, la déclaration écrite devant le Directeur comptable ou le Commis aux entrées.

Les engagés des particuliers ne seront admis que moyennant l'obligation souscrite par l'engagiste de rembourser leurs frais d'hôpital.

Les filles publiques conduites à la visite par la Police, et qui auront été reconnues malades, resteront au dispensaire, et le Directeur de l'Hôpital en fera remettre immédiatement une liste signée et certifiée par l'agent chargé du service et certifiée par le médecin visiteur.

Tous les billets d'entrée, listes etc., et les exéats seront enregistrés à la Direction de l'Intérieur par le bureau auquel le service de l'hospice sera rattaché.

6. Le personnel de l'Hôpital Colonial est composé ainsi qu'il suit :

Personnel médical.

Un officier supérieur du service de santé de la

Marine pourvu du diplôme de docteur ;

Un chirurgien de 1re classe ;

Deux chirurgiens de 2e classe alternant à tour de rôle pour le service de la prévôté de l'Hôpital et celui du Lazaret ;

Deux élèves faisant fonctions de chirurgiens de garde ;

Un pharmacien ;

Un infirmier-major.

Personnel administratif.

Un directeur comptable ;

Un commis aux entrées ;

Six sœurs dont une supérieure ;

Un portier consigne ;

Un cuisinier.

Le nombre d'infirmiers nécessaire pour le service de l'Établissement, sera calculé à raison d'un infirmier par quinze malades.

Un ecclésiastique, désigné par Mgr l'Évêque de Saint-Denis, remplira les fonctions d'aumônier.

Service médical.

7. L'officier supérieur du service de santé de la Marine, mentionné en l'article précédent, aura la direction médicale de l'Hôpital Colonial. Il se partagera les malades de l'Hôpital avec le chirurgien de 1re classe.

Tout le personnel médical de l'établissement sera placé directement sous ses ordres.

8. Les officiers de santé chargés du service de l'Hôptital Colonial ont également dans leurs attributions le service médical de l'Atelier colonial, de la Geôle, de la Léproserie, des lieux d'isolement et des Lazarets. Ce service est réparti entre eux par l'officier supérieur chargé de la direction médicale de l'Hôpital.

Ils visitent en outre gratuitement chez eux les

employés et agents du Service Local qui se font traiter à domicile.

Cette disposition n'est pas applicable aux familles et serviteurs des employés et agents susdits.

9. Le chirurgien de la prévôté résidera à l'Hôpital. Il fera, sous la direction du chirurgien de 1re classe, la visite des filles malades et pourra avoir en outre un autre service supplémentaire.

10. Le chirurgien-capitaine du Lazaret, lorsqu'il ne sera pas employé en cette qualité, se mettra à la disposition de l'officier supérieur chargé de la direction médicale de l'Hôpital Colonial, qui lui assignera un service, soit dans l'hôpital même, soit au dehors.

11. Les élèves ne seront admis à faire fonctions de chirurgien de garde que lorsque leur capacité aura été suffisamment éprouvée par l'officier supérieur chargé de la direction médicale de l'Établissement. Ils seront, sur sa proposition, pourvus du titre d'élèves en chirurgie et nommés par le Directeur de l'Intérieur.

12. Des étudiants pourront être admis à suivre les visites des malades dans l'intérieur de l'Hôpital, à la condition d'accepter un service de pansement et de se conformer en tous points à la discipline de l'Hôpital et aux ordres des chirurgiens.

Leur admission n'aura lieu que sur la proposition du Chef du service médical de l'Établissement, approuvée par le Directeur de l'Intérieur.

13. En attendant qu'on ait pu créer un matériel chirurgical appartenant à l'Hôpital Colonial, il sera alloué aux chirurgiens de la marine chargés du service de l'Établissement qui seraient pourvus de la caisse d'instruments de chirurgie réglementaire à bord des bâtiments, un supplément de huit francs par mois pour l'entretien de leur caisse. Ce supplément sera payé trimestriel-

lement sur le certificat de l'officier supérieur chargé de la direction médicale de l'Hôpital Colonial.

Pharmacie.

14. La pharmacie sera toujours approvisionnée
d'une quantité suffisante de drogues simples et
composées pour le service de l'Hôpital.

15. Les distributions de médicaments seront
faites sous la responsabilité du pharmacien, quant
à la composition des médicaments, et sous la surveillance du chirurgien de garde.

16. Le pharmacien est comptable de tous les
médicaments, ustensiles, etc. etc. qui forment la
pharmacie de l'Hôpital. Il dresse, à la fin de
chaque trimestre, un état de consommation des
médicaments d'après les ordonnances des médecins. Cet état est vérifié par le Directeur du service médical de l'Établissement qui le vise, et remis au Directeur comptable qui en comprend le
montant dans ses comptes.

Du Directeur comptable et de la Comptabilité.

17. Le Directeur comptable est chargé, sous
les ordres du Directeur de l'Intérieur, de tous les
détails administratifs et économiques, du bon ordre, de la propreté et de la police de l'Établissement.

Il a sous ses ordres le commis aux entrées, les
sœurs hospitalières, l'infirmier-major et tous
les gens de service.

Il est spécialement chargé de la comptabilité
tant en journées qu'en denrées et médicaments.
Il tient cette comptabilité ainsi qu'il est prescrit
ci-après.

Il a sous sa garde tous les effets mobiliers,
hardes et ustensiles de l'Hôpital, instruments de
chirurgie et ustensiles de pharmacie.

Il remet aux chirurgiens et pharmacien tous
les instruments et ustensiles qui appartiennent à
leur service, et s'en fait donner un reçu.

Il remet aux sœurs tous les effets et ustensiles qui dépendent de leur service; il en tient un compte exact et en fait la revue une fois au moins par trimestre. Les sœurs sont comptables envers lui des objets qu'il leur a remis sur inventaire.

Il tient un registre coté et paraphé sur lequel il inscrit au fur et à mesure de l'entrée des malades et en leur présence, les effets, argent, bijoux dont ils sont porteurs. Chaque article signé et daté est émargé, lors de la sortie des malades, du reçu qu'ils donnent des effets qui leur sont rendus. Ce registre est arrêté tous les trois mois par le Directeur.

En cas de décès, il remplit à l'égard des objets délaissés par les défunts, les formalités prescrites par les articles 22, 23, 24 et 25 du décret impérial du 27 janvier 1855 sur les successions vacantes.

Il surveille le service de tous les subalternes et les maintient dans la stricte exécution des obligations de leur emploi.

18. Le Directeur comptable tient les registres ci-après :

1° Registre-inventaire du matériel ;

2° Registre d'entrée et de sortie des malades appartenant au Service Local, divisé par service et décompté ;

3° Un registre récapitulatif des journées de traitement par catégorie des divers malades du Service Local ;

4° Un registre d'entrée et de sortie pour les marins et divers particuliers à leurs frais, décompté;

5° Un registre récapitulatif des journées de traitement des malades à leurs frais ;

6° Un registre des remboursements à effectuer au Service Local pour les journées de traitement des particuliers à leurs frais ;

7° Un registre-inventaire des effets des malades entrant à l'Hôpital, et déposés au vestiaire ;

8° Un registre des dépenses générales faites pour le compte de l'Hôpital ;

9° Un registre des dépenses pour régime alimentaire des malades;

10° Un registre relevé journalier des extraits du cahier de visites faites par MM. les officiers de santé en ce qui concerne le régime alimentaire;

11° Un registre de cambuse pour les réceptions journalières, — pain, vin, bœuf frais — destinées aux malades ;

12° Un registre de décès.

Tous ces registres sont cotés et paraphés par le Directeur de l'Intérieur.

19. Au commencement de chaque mois, il sera mis à la disposition du Directeur comptable, à titre d'avances, une somme destinée à subvenir à l'approvisionnement des aliments légers et au paiement des autres menues dépenses de l'Établissement.

Cette avance sera régularisée à la fin du mois par la production d'états de dépenses, certifiés par le Directeur comptable. Ils seront joints comme pièces justificatives au mandat définitif.

20. A la fin de chaque année, le Directeur de l'Hôpital fera l'inventaire du matériel mobilier existant au 31 décembre avec la moins value des objets.

Il fournira également en fin d'année son compte de gestion.

21. A la fin de chaque semestre, le Directeur de l'Hôpital adresse au Directeur de l'Intérieur le relevé des journées de malades par catégorie, et établit le prix moyen de la journée.

Les dépenses du personnel ainsi que celles relatives à la nourriture des employés internes, sont réparties également d'après le nombre total des journées de malades sans distinction de catégorie.

Celles relatives aux aliments et médicaments

sont appliquées à chaque catégorie suivant les extraits du cahier des visites. Ces extraits sont visés et certifiés par l'officier de santé supérieur chargé du service médical de l'Établissement, et établis séparément pour chaque catégorie.

22. Le Directeur comptable est personnellement responsable de toute dépense non légalement autorisée et de l'exécution des mesures prescrites par les articles précédents.

Des Sœurs hospitalières.

23. Les sœurs sont spécialement chargées, sous la surveillance du Directeur comptable, de tout ce qui concerne l'économie intérieure du service de l'Hôpital, et, quant aux soins que réclame la santé des malades, elles font exécuter toutes les mesures ordonnées par les médecins.

Elles ont à cet effet sous leurs ordres les infirmiers ordinaires.

Des Employés subalternes.

24. Il est entretenu à l'Hôpital Colonial un infirmier-major, un portier consigne à solde fixe, et le nombre d'infirmiers nécessaire à raison d'un infirmier pour quinze malades.

25. L'infirmier-major reçoit les ordres du Directeur pour tout ce qui est relatif à la partie économique de son service, et des officiers de santé pour tout ce qui regarde le service des malades. Il a sous ses ordres les infirmiers ordinaires, et surveille l'exécution de ce qui leur est prescrit.

26. Le portier est placé sous les ordres immédiats du Directeur comptable ; il doit exécuter avec la plus grande rigueur la consigne établie, sous peine d'être renvoyé ; il ne laisse entrer ni sortir personne sans un ordre écrit du Directeur.

27. Les personnes étrangères au service, quelles qu'elles soient, ne peuvent entrer dans l'Hô-

pital sans une permission émanant de la Direction de l'Intérieur.

28. Le présent arrêté sera mis à exécution à partir du 1er avril prochain. Toutes dispositions contraires sont et demeurent abrogées.

29. Le Directeur de l'Intérieur est chargé de l'exécution du présent arrêté, qui sera enregistré, publié et inséré au *Bulletin officiel* de la Colonie.

Saint-Denis, le 29 mars 1862.

Baron DARRICAU.

Par le Gouverneur :

Le Directeur de l'Intérieur,

CH. DE LAGRANGE.

N° 1091. — *ARRÊTÉ concernant le commerce de la boucherie.*

Du 29 Mars 1862.

Nous Gouverneur de l'île de la Réunion,

Vu l'article 9 du sénatus-consulte du 3 mai 1854 ;

Vu l'arrêté local du 23 juin 1852, concernant l'exercice du commerce de la boucherie ;

Vu le rapport de la Commission nommée par notre arrêté du 13 janvier dernier pour étudier les modifications à apporter au régime de la boucherie ;

Considérant que l'intérêt de l'alimentation publique n'exige aujourd'hui, en ce qui concerne les bœufs, aucune disposition d'approvisionnement exceptionnelle et que le régime actuel de la boucherie, restrictif en fait du principe de libre exercice des industries, excite les réclamations de tous les intérêts ;

Sur le rapport du Directeur de l'Intérieur,
Le Conseil privé entendu,

Art. 1er. L'arrêté local du 23 juin 1852, qui règle l'exercice du commerce de la boucherie, cessera d'être en vigueur à partir du 1er juillet 1862.

2. Tout individu qui voudra exercer dans la Colonie la profession de boucher, sera tenu d'en faire la déclaration au Maire de sa commune et de se pourvoir d'une patente.

3. Il est défendu aux bouchers de débiter de la viande ailleurs qu'au marché et sur leurs étaux.

Toutefois, les viandes de charcuterie pourront être débitées en ville dans des étaux autorisés par le Maire, au vu de la déclaration que le charcutier sera tenu de faire à la Police, indiquant la rue et le numéro de la maison où sa boutique doit être établie.

4. Dans les communes où il n'existe point de marché, les boucheries ne pourront être établies que dans les lieux autorisés dans la forme tracée par l'article précédent pour l'ouverture des boutiques de charcutier.

5. Il est défendu aux bouchers et charcutiers de faire dans leurs étaux ou boutiques d'autre commerce que celui de la viande et d'exposer en vente des viandes insalubres ou corrompues.

Le colportage en quête d'acheteurs des viandes de boucherie ou de charcuterie est interdit.

6. Toute contravention à ces diverses dispositions donnera lieu à la confiscation des viandes saines et au jet à la mer des viandes insalubres ou corrompues, sans préjudice des peines cumulées édictées par les articles 465 et 466 du Code pénal colonial.

En cas de récidive, le maximun de la peine sera toujours prononcé.

7. Le produit des confiscations sera réparti de la manière suivante :

Un tiers à l'agent de police qui aura constaté la contravention ;

Deux tiers à l'Administration de Bienfaisance.

8. Le Directeur de l'Intérieur et le Procureur Général sont chargés de l'exécution du présent arrêté, qui sera enregistré et publié partout où besoin sera.

Saint-Denis, le 29 mars 1862.

Baron DARRICAU.

Par le Gouverneur :

Le Directeur de l'Intérieur,

Ch. DE LAGRANGE.

Le Procureur Général,

J. BERET.

Enregistré à la Cour Impériale, le 31 mars 1862.

Nº 1092. — *ARRÊTÉ qui rapporte celui du 4 février 1861, portant concession d'un terrain à MM. Valentin frères.*

Du 31 Mars 1862.

Nous Gouverneur de l'ile de la Réunion,

Vu le décret du 5 avril 1839 ;

Vu l'arrêté du 4 février 1861, accordant un permis d'établir à MM. Valentin frères et Cᵉ sur un terrain dépendant des pas géométriques de la commune de Saint-Benoit ;

Vu le commandement du 25 février 1861, ensemble la sommation en déguerpissement du 6 février 1862, signifiés sans résultat aux permissionnaires ;

Vu l'état de déconfiture des concessionnaires ;

Sur le rapport du Directeur de l'Intérieur,

Avons arrêté et arrêtons :

Art. 1er. Est et demeure rapporté l'arrêté du 4 février 1861, portant concession d'un permis d'établir au profit de MM. Valentin frères et Cⁱ, sur un terrain de un hectare soixante-cinq ares quarante centiares, dépendant des pas géométriques de Saint-Benoit et situé à la base de leur propriété, au lieu dit Sainte-Marguerite.

2. Le Directeur de l'Intérieur est chargé de l'exécution du présent arrêté, qui sera enregistré partout où besoin sera et déposé au Contrôle colonial.

Saint-Denis, le 31 mars 1862.

Baron DARRICAU.

Par le Gouverneur :

Le Directeur de l'Intérieur,
CH. DE LAGRANGE.

N° 1093. — *MERCURIALE des denrées et productions coloniales, d'après laquelle la Douane aura à percevoir les droits de sortie pendant le mois de mars 1862.*

NATURE DES DENRÉES ET DES PRODUCTIONS DE L'ILE DE LA RÉUNION.	ESPÈCE des unités.	PRIX.	
Denrées coloniales.		F.	C.
Café....................................	les 100 kil.	160	»
Cacao....................................	id.	100	»
Épices diverses.. { Pimens.... / Ravensara . }	id.	100	»
Girofle (clous de)....................	id.	60	»
Girofle (griffes de)....................	id.	15	»
Macis....................................	id.	225	»
Muscades....................................	id.	100	»
Miel de toute sorte.................. ..	le litre	1	75
Vanille....................................	le kilogram.	110	»
Sucre brut (prix moyen)...............	les 100 kil.	52	»
Sucre de sirop exportable à l'étranger...	id.	15	»
Pommes de terre et oignons............	id.	15	»
Légumes secs..........................	id.	25	»
Produits industriels.			
Chocolat...	id.	250	»
Huile essentielle de girofle.............	le litre	3	»
Sacs de vacoa..	les 100 sacs	20	»

Fait à Saint-Denis, le 27 février 1862.

Les Membres de la Commission présents,

Signé: BRIENNE, directeur, CARTIER, GAMIN, BERTHO, HUSSON et D'AYZAC.

Approuvé en séance du Conseil privé, le 27 février 1862.

Le Gouverneur,
Baron DARRICAU.

Par le Gouverneur :

Le Directeur de l'Intérieur,

CH. DE LAGRANGE.

N° 1094. — *MERCURIALE des marchandises étrangères, d'après laquelle la Douane aura à percevoir les droits d'entrée pendant le mois de mars 1862.*

DÉSIGNATION DES MARCHANDISES.	UNITÉS.	PRIX.	DROITS	
			par navires français.	par navires étrangers.
		f. c.		
Tortues { des Séchelles....	Le kilog.	75	exempt	10 %
Tortues { de Madagascar...	La tête	1	Id.	Id.
Gibier, volailles..........	Id.	1 25	Id.	Id.
Dindons et poules d'Inde..	Id.	5	Id.	Id.
Oies....................	Id.	4	Id.	Id.
Canards.................	Id.	2	Id.	Id.
Laine en masse pour matelas	Le kilog.	2	20 %	30 %
Nattes — de jonc et d'écorce......	La pièce	3	6 %	10 %
Nattes — pour parquets { en rotin....	Le m. carré	6	Id.	Id.
Nattes — pour parquets { en bambou...	Id.	4	Id.	Id.
Nattes — Persiennes { en rotin.....	Id.	6	6 %	Id.
Nattes — Persiennes { en bambou...	Id.	4	Id.	Id.
Nattes — fines.................	La pièce	2	Id.	Id.
Nattes — communes.............	Id.	1	Id.	Id.
Vannerie. — Paniers en rotin à linge.................	Id.	12	Id.	Id.
Chaudières de fonte et de potin.................			15 %	25 %
Moulins à égrener.........			Id.	Id.
Pompes en bois non garnies.			Id.	Id.
Voitures à quatre roues { riches.....	Id.	3500	20 %	30 %
Voitures à quatre roues { ordinaires.	Id.	2500	Id.	Id.
Cabriolets { riches.........	Id.	1500	Id.	Id.
Cabriolets { ordinaires.....	Id.	1000	Id.	Id.
Objets de collection.......	Id.		1 %	2 %
Babarets en bois laqué, avec dessins en or, du Japon.	Id.		12 %	prohib.
Balais en crins de coco, manche bambou.........	La douzaine	18	Id.	Id.
Bateaux chinois, en racine de bambou, avec sculptures représentant personnages..................	La pièce	30	Id.	Id.
Bateaux en ivoire, représentant les bateaux de plaisance des Chinois........	Id.	100	Id.	Id.
Bandèges en bambou peint.	Le jeu de 3	9	Id.	Id.
Boîtes à whist et jetons en ivoire sculpté.... { 1re qualité	La boîte	50	Id.	Id.
Boîtes à whist et jetons en ivoire sculpté.... { 2e idem.	Id.	20	Id.	Id.
Boîtes en bois rouge, laquinées, avec sculptures (petites ou moyennes)...	Id.	15	Id.	
Boîtes de coquillages......	Id.	5	Id.	
Boîtes à insectes, cadre en verre, contenant toutes				Id. Id.

DÉSIGNATION DES MARCHANDISES.	UNITÉS.	PRIX.	DROITS	
			par navires français.	par navires étrangers.
		f. c.		
sortes d'insectes.........	La boîte		12 %.	prohib.
Boîtes recouvertes d'un tissu de soie, contenant peintures, pinceaux, etc.......	Id.	15	Id.	Id.
Boîtes jeux d'enfants, en carton ou bois peint, contenant petits instruments en cuivre, etc...........	Id.	12 50	Id.	Id.
Boîtes à mouchoirs, en bois laqué, dessins de personnages et de fleurs en or...	Id.	15	Id.	Id.
Boîtes à thé en bois laqué, dessins, etc. { ordinaires.		10		
à 2 compartiments, riches...	Id.	35	Id.	Id.
à 4 compartiments.	Id.	50	Id.	Id.
Boîtes à ouvrage, en bois laqué, dessins en or sur or, garnis en ivoire ou en os.	Id.	60	Id.	Id.
Boîtes communes à ouvrage.	Id.	20	Id.	Id.
Boîtes à cigares, en bois laqué, dessins en or sur or, l'intérieur garni d'une boîte en plomb...........	Id.	6	Id.	Id.
Boîtes à jeu, en bois laqué, dessins en or sur or......	Id.	45	Id.	Id.
Boîtes à tabac à fumer, en cuivre, avec incrustations de nacre du Japon.......	Id.	20	Id.	Id.
Boîtes à priser, en cuivre, avec incrustations de nacre du Japon..............	Id.	20	Id.	Id.
Boîtes à francs-maçons, cadres en bois avec incrustations de nacre du Japon..	Id.	60	Id.	Id.
Albums { de 12 feuilles....		18	Id.	Id.
de 24 feuilles....		30	Id.	Id.
Boîtes contenant 10 tasses en bois, bois laqué, servant de tasses à thé, avec incrustations de nacre du Japon.................	Id.	30	Id.	Id.
Bonnets de mandarins, toques en velours, garnis en soie, boutons de diverses couleurs..............	La pièce	5	Id.	Id.
Cabarets en laque rouge...	Id.	10	Id.	Id.
Cabinets pour enfants, petites armoires à tiroirs, en				

DÉSIGNATION DES MARCHANDISES.	UNITÉS.	PRIX.	DROITS	
			par navires français.	par navires étrangers
bois laqué, avec dessins en or...	La pièce	f. c. 40	12 °/₀	prohib.
Cages à oiseaux en rotin très fin imitant le fil de fer....	Le jeu de 4	10	Id.	Id.
Chapelets noirs faits en noix de coco du Japon........	La pièce	10	Id.	Id.
Cahiers en ivoire, peints, représentant figures et costumes chinois..........				Id. Id.
Casse-têtes, en bois de sandal, en os ou en ivoire...	Id.	5	Id.	
Cassettes incrustées de pierres de Nankin, représentant des personnages, etc....	Id.	125	Id.	Id.
Colliers en bois de sandal..	Le kilog.	20	Id.	Id.
Corbeilles à pain, en bois laqué, avec dessins en or.............. { laque noire.	Le jeu de 3	12	Id.	Id.
{ laque rouge.	Id.	25	Id.	Id.
Couverts chinois, composés du couteau, des 2 bâtons et de cure-dents en os ou en ivoire................	La pièce	2 50	Id.	Id.
Couteaux à beurre. en ivoire ou en nacre, manche sculpté..................	Id.	7 50	Id.	Id.
Cuillers à thé, en bois laqué, avec incrustations en nacre du Japon..	Id.	1	Id.	Id.
Cuillers à moutarde, en nacre ou en ivoire.........	Id.	2	Id.	Id.
Echiquiers en bois laqué, dessins en or sur or......	Id.	12 50	Id.	Id.
Ecrans en plumes coloriées et à manche d'ivoire......	Id.	6	Id.	Id.
Ecrans en tissus de soie, manche en ivoire sculpté.	Id.	10	Id.	Id.
Encre chinoise............	Les 6 bât.	5	Id.	Id.
Encriers en bois laqué, avec dessins en or...........	La pièce	10	Id.	Id.
Enseignes en bois laqué, avec dessins en or......	Id.	200	Id.	Id.
Etuis en ivoire sculpté, représentant personnages. { petits..	Id.	1	Id.	Id.
{ grands.	Id.	5	Id.	Id.
Eventails de toutes sortes, avec dessins en or sur or. { en os.....	Id.	5	Id.	Id.
{ en plumes.	Id.	8	Id.	Id.
{ en laque..	Id.	12	Id.	Id.
{ en sandal.	Id.	15	Id.	Id.
{ en ivoire..	Id.	20	Id.	Id.

DÉSIGNATION DES MARCHANDISES.	UNITÉS.	PRIX.	DROITS	
			par navires français.	par navires étrangers.
Feuilles de bétel peintes et représentant fleurs, oiseaux, personnages, etc.	La boîte	f. c. 6	12 %.	prohib.
Feuilles de papier de riz peintes, représentant fleurs, oiseaux, personnages, etc.	Lec. de 12 f.	25	Id.	Id.
Fiches en ivoire et en nacre.	Le jeu	50	Id.	Id.
Fleurs en ivoire,..........	La d. de pots	75	Id.	Id.
Jeux d'échecs en ivoire ou en os, simples, non montés sur boules..........	Le jeu	15	Id.	Id.
Jeux d'échecs en ivoire, montés sur boules en ivoire les unes dans les autres.	Id.	80	Id.	Id.
Jeux d'échecs en ivoire (1re grandeur), dits montres.	Id.	400	Id.	Id.
Jeux de fiches en nacre, avec dessins imprimés ou sculptés.....................	Id.	25	Id.	Id.
Jeux de bagues en os ou en ivoire.................	Id.	3	Id.	Id.
Jeux diablotins en os ou en ivoire.................	Id.	3	Id.	Id.
Joss-tick, allumettes composées de sciure de bois et colle de fiente de vache ..	Le kilog.	2 50	Id.	Id.
Joss-tick à odeur sandal, allumettes composées de sciure de bois de sandal et colle de fiente de vache..	Id.	5	Id.	Id.
Instruments de musique (espèce de guitare).........	La pièce	4	Id.	Id.
Espèce de fauteuils à tiroirs en bambou.............	Id.	30	Id.	Id.
Lanternes chinoises en tissu de soie extrêmement léger, peintures diverses........ { carrées.	Id.	20	Id.	Id.
{ rondes.	Id.	5	Id.	Id.
Malles en carton, composition carton peint et verni imitant le cuir..........	Le jeu de 5	40	Id.	Id.
Malles de camphre, en bois de camphre, recouvertes en cuir, pour la conservation des habits et du linge...................	Id.	200	Id.	Id.
Malles de camphre, en bois de camphre, avec coins en cuivre, sans cuir........	Id.	150	Id.	Id.

DÉSIGNATION DES MARCHANDISES.	UNITÉS.	PRIX.	DROITS	
			par navires français.	par navires étrangers.
		f. c.		
Mousse du Japon..........	Le kilog.	15	12 %	prohib.
Paniers en écaille travaillée à jour............. ..	La pièce	70	Id.	Id.
Paniers à linge, en petit rotin fendu en plusieurs parties...............	Le jeu de 3	30	Id.	Id.
Parapluies chinois en papier peint et huilé, manches bambou..............	La pièce	3	Id.	Id.
Paravents, bordure en laque, fond en papier... .	Id.	60	Id.	Id.
Petits bateaux faits en noix de coco, et représentant les bateaux des Tancadaires.....	Id	5	Id.	Id.
Peignes en écaille (grands et petits)..............	Id.	5	Id.	Id.
Petits magots en pierre tendre et propres à détacher la soie.....'.........	Id.	2	Id.	Id.
Petits animaux en plâtre peint.................	Les mille	50	Id.	Id.
Petits garde-manger, l'extérieur garni de paille du Japon.................	La pièce	25	Id.	Id.
Persiennes en rotin très fin, dessins de toutes sortes..		4	Id.	Id.
Peintures sur papier de riz.	La feuille	2 50	Id.	Id.
Petits plateaux pour bouteilles, en bois laqué, dessins en or.............	La pièce	2	Id.	Id.
Pipes chinoises, tuyaux en bambou et rotin, pipes composition étain, cuivre, etc.................	Id.	2	Id.	Id.
Plateaux pour plats, en rotin tissé très fin........	Le jeu de 4 ou 5	5	Id.	Id.
Plateaux pour plats, en bois laqué avec dessins en or sur or.............	Id.	60	Id.	Id.
Porte-cartes de visites en écaille imprimée et incrustée, intérieur garni en soie.................	La pièce	10	Id.	Id.
Porte-cartes de visites en ivoire sculpté..........	Id.	10	Id.	Id.
Porte-cartes de visites en nacre plaquée et incrustée.	Id	5	Id.	Id.
'e-cartes en laque, avec ...ins en or sur or......	Id		d.	Id

DÉSIGNATION DES MARCHANDISES.	UNITÉS.	PRIX.	DROITS	
			par navires français.	par navires étrangers.
Porte-montres en bois laqué et dessins or sur or......	Le jeu de 4 ou 5	8	12 %,	prohib.
Porte-joss-tick, sorte de bateaux en bois laqué contenant allumettes, intérieur garni de plomb.........	Id.	3	Id.	Id.
Porte-éventails en carton, extérieur garni en soie brodée...............	Id.	2	Id.	Id.
Porte-tabac en carton, extérieur garni en soie brodée...................	Id.	5	Id.	Id.
Porte-cigares { communs.	La pièce	3	Id.	Id.
Porte-cigares { fins.......	Id.	10	Id.	Id.
Poupées représentant des petits Japonais..........	Id.	5	Id.	Id.
Pupitres en bois laqué, dessins en or sur or.. { pour dames..	Id.	30	Id.	Id.
Pupitres en bois laqué, dessins en or sur or.. { pour hommes.	Id.	50	Id.	Id.
Pupitres en bois de racine, garniture extérieure en cuivre..................	Id.	60	Id.	Id.
Sacoches en ivoire, porte-flacons d'odeurs sculptés à jour....	Id.	20	Id.	Id.
Semainiers en ivoire, travaillés à jour et sculptés..	Id.	100	Id.	Id.
Semainiers en bois de sandal, avec incrustations riches...................	Id.	75	Id.	Id.
Semainiers en bois laqué avec incrustations riches.	Id.	12 50	Id.	Id.
Souliers chinois imitant les pieds des femmes chinoises, faits en plâtre et recouverts de soie.........	La paire	5	Id.	Id.
Tables en bambou........	Le jeu de 6	10	Id.	Id.
Tabatières en écaille, avec incrustations représentant personnages.............	La pièce	30	Id.	Id.
Tables-guéridons en bois laqué, dessins or sur or. Les tables entrent les unes dans les autres..........	Le jeu de 4	50	Id.	Id.
Tables à échiquier, avec dessins or très riches, garnies de nacre, pour les jetons..	La pièce	225	Id.	Id.
Tables à thé, en bois laqué, dessins en or sur or......	Id.	60	Id.	Id.

DÉSIGNATION DES MARCHANDISES.		UNITÉS.	PRIX.	DROITS	
				par navires français.	par navires étrangers.
			f. c.		
Tables à ouvrage, en bois laqué, dessins or sur or.....	1re qualité.	La pièce	175	12 %	prohib.
	2e idem..	Id.	100	Id.	Id.
Tableaux, intérieurs chinois, peintures sur toile représentant personnages, etc.................		Id.	20	Id.	Id.
Tableaux, vues de Canton, Macao, Boca, Tigris, etc., peintures sur toile......		Id.	20	Id.	Id.
Tableaux, paysages chinois.		Id.	20	Id.	Id.
Tableaux sur verre, encadrement en bois sculpté..		Id.	10	Id.	Id.
Tableaux en paille de couleur, cadres en bois laqué du Japon................		Id.	125	Id.	Id.
Vide-poches en écaille ou ivoire, sculptés à jour....		La paire	30	Id.	Id.
Toiles et percales blanches et écrues.... Conjons	Nos 14	La pièce de 31 à 33 mètres et au–dessous.	22	20 %	Id.
	16		22	Id.	Id.
	18 et 19		22	Id.	Id.
	23		30	Id.	Id.
	26		30	Id.	Id.
	30		40	Id.	Id.
	36		50	Id.	Id.
	Ecrues......	La p. de 15 à 16 m.	7	Id.	Id.
Filature blanche et écrue..		Id.	6	Id.	Id.
Salem-poor.............		Id.	7	Id.	Id.
Percale bleue, dite *sander-cana*.................		La p. de 8m et au–dessous.	4 50	Id.	Id.
Percale bleue ordinaire....		sous.		Id.	Id.
Toiles à carreaux..........		La p. de 15 à 16 m.	5	Id.	Id.
Mouchoirs dits *burgos*.....		La p. de 8 m.	2	Id.	Id.
Pantalons et chemises de toile grossière, servant au vêtement des travailleurs.		La pièce	1 50	Id.	Id.
Toiles à voiles, de coton...		Le mètre	0 70	Id.	Id.
Guinées ou toiles bleues	Filature.....	La p. de 15 à 16 m.	12 50	12 %	Id.
	Salem........	Id.	8	Id.	Id.
	Oréarpoléon.	Id.	8	Id.	Id.
	Conjons.....	Id.	10	11	Id.
Meubles..	Fauteuils à dossier renversé, de Pondichéry.	La pièce	20	10 %	Id.
	Fauteuils droits	Id.	15	Id.	Id.
	Chaises........	Id.	6	Id.	Id.

DÉSIGNATION DES MARCHANDISES.	UNITÉS.	PRIX.	DROITS	
			par navires français.	par navires étranger.
		f. c.		
Tabourets................	La pièce	4	10 %	prohib.
Jouets d'enfants..........	Id.		Id.	Id.
Pantoufles de Pondichéry..	La paire	40	12 %	Id.
Peaux { de cabri de Pondichéry........	Les 100	75	6 %	
de mouton de Pondichéry........	Id.	45	Id.	

Fait à Saint-Denis, le 27 février 1862.

Les Membres de la Commission présents,

Signé : BRIENNE, directeur, CARTIER, GAMIN, BERTHO, HUSSON et D'AYZAC.

Approuvé en séance du Conseil privé, le 27 février 1862.

Le Gouverneur,

Baron DARRICAU.

Par le Gouverneur :

Le Directeur de l'Intérieur,

CH. DE LAGRANGE.

N° 1095. — NOMINATIONS, PROMOTIONS ET MUTATIONS.

Évêché.

— Par décision du 1er mars 1862, sont nommés :

Curé de Notre-Dame de Bon-Port, à Saint-Pierre, M. l'abbé Rozé, précédemment curé de Saint-Vincent-de-Paul, à l'Entre-Deux ;

Curé de Saint-Vincent-de-Paul, M. l'abbé Sirven, précédemment curé de Salazie ;

Curé de Salazie, M. l'abbé Chièze, précédemment vicaire à Saint-Benoit.

— Par arrêté du Gouverneur en date du 5 mars 1862,

Il est accordé à M. Léger (François), prêtre du clergé de la Réunion, un congé de convalescence dont la durée sera fixée par S. Exc. le Ministre de la Marine et des colonies.

— M. l'abbé Léger, professeur au collége de Saint-Charles, à Saint-Paul, est décédé le 14 mars 1862.

Administration Militaire.

— Par décret du 27 décembre 1861, l'Empereur a accordé la croix de chevalier de la Légion-d'Honneur au sieur Duc (André-Alphonse), gendarme à la Réunion, et la médaille militaire au sieur Prévost (Hyppolite-Eugène), maréchal des logis à la même compagnie.

— Par décret du 31 décembre 1861, l'Empereur a conféré la médaille militaire à M. Jouhanneaux, brigadier de gendarmerie.

— Par dépêche ministérielle du 22 janvier 1862, numérotée 23, notification est faite du décret du 31 décembre dernier , qui nomme chevalier de la Légion-d'Honneur M. Gamin (Armand), capitaine commandant l'artillerie des milices de Saint-Denis.

— Par arrêté du Gouverneur en date du 1er mars 1862, ont été nommés dans la milice de Saint-Louis :

Au grade de Lieutenant :

M. Rougemont (Jules) , sous-lieutenant.

Au grade de Sous-Lieutenant :

MM. Houareau (Hermand), sergent ;
    Lallemand (Aristide) , sergent.

Au grade d'Adjudant Sous-Officier :

M. Couturier (Jean-Baptiste), sergent.

— Par arrêté du Gouverneur en date du 17 mars 1862, M. Lebreton , capitaine d'infanterie de marine , a été nommé juge au 1er Conseil de guerre, en remplacement de M. le capitaine d'infanterie Verel, empêché , et pour l'affaire de l'accusé Vésuve seulement.

— Par arrêté du Gouverneur en date du 19 mars 1862, M. Lauret (Théodore), sergent, a été nommé sous-lieutenant dans la milice de Saint-Louis.

— Par arrêté du Gouverneur en date du 19 mars 1862 , ont été nommés dans la milice de Saint-Joseph :

Au grade de Capitaine :

M. Massot (Frédéric), ancien officier de l'armée.

Au grade de Lieutenant :

M. Ganofsky (Jean-Gabriel), sergent-fourrier ;
M. Leichnig (Jacques-Désiré) , sous-lieutenant.

Au grade de Sous-Lieutenant :

M. Cadet (François), sergent;
M. Lebon (Léon),   idem;
M. Hoareau (Louis-Edouard), idem.

— Par arrêté du Gouverneur en date du 22 mars 1862, ont été nommés dans la milice de Saint-Louis.

Au grade de Lieutenant :

M. Rivière (Léonard), sergent.

Au grade de Sous-Lieutenant :

MM. Paulin (Marcely), sergent ;
    Dambreville (Gabin), id.;
    Fontaine (Thomy), id.

— Par arrêté du Gouverneur en date du 25 mars 1862, M. Pannetier, chef d'escadron de gendarmerie, est nommé juge au Conseil de révision, en remplacement de M. Lebreton, capitaine d'infanterie ; M. Mahias, sergent d'infanterie de marine, est nommé greffier au même Conseil, en remplacement du maréchal des logis de gendarmerie Prévot.

— Par arrêté du Gouverneur en date du 29 mars 1862, M. Riche a été nommé capitaine adjudant-major de la milice de Saint-Paul.

Administration de la Marine.

— Par dépêche ministérielle du 14 janvier 1862, le congé de convalescence accordé à M. Grélot (Thomy), commis de la Marine, est approuvé pour trois mois.

— Par dépêche ministérielle du 24 janvier 1862, M. Graton, commissaire-adjoint de la Marine, est attaché au cadre de la Réunion ; M. Robert, officier supérieur du même grade, est porté à la 1re classe; M. Fontaine, sous-commissaire de 2e classe, est porté à la 1re classe.

— Par ordre de service de l'Ordonnateur du 7 mars 1862, M. Decugis, commis de Marine, passe du service de l'Inscription maritime à celui des Revues, et M. Ravin, écrivain de Marine, passe de ce dernier détail au bureau de l'Inscription maritime.

— Par décision du Gouverneur, prise le 19 mars 1862, M. Bédier (Louis), sous-commissaire de la Marine, est mis en position de congé à passer en France.

Administration de l'Intérieur.

— Par décision de S. Exc. le Ministre de la Marine et des colonies en date du 10 septembre 1861, M. Desseaux a été nommé conducteur de 1re classe des ponts-et-chaussées.

— Par décision de S. Exc. le Ministre de la Marine et des colonies, en date du 24 janvier 1862, MM. Pomel et Boilloux, receveurs de l'Enregistrement de 7e classe, ont été élevés à la 6e classe de leur grade.

— Par arrêté du Gouverneur en date du 1er mars 1862 :

M. Tourneux (Henri), commissaire de canton à Saint-Denis, est nommé commissaire principal de police à Saint-Benoit, en remplacement de M. Meslier, non acceptant.

M. Selhausen (Philippe-Alphonse), commissaire de canton à Saint-André, passe, en la même qualité, au canton de Saint-Denis, en remplacement de M. Tourneux, promu à d'autres fonctions.

M. Notaise (Jacques-Philippe-Marie-Armand),

commissaire de commune à Sainte-Marie, est nommé commissaire de police de canton à Saint-André, en remplacement de M. Selhausen, appelé à Saint-Denis.

M. Léglise (Jean-Baptiste), commissaire de police de commune à la Plaine des Palmistes, passe en la même qualité au bureau de Sainte-Marie, en remplacement de M. Notaise, promu au canton de Saint-André.

M. Wickers (Emile), sous-inspecteur des eaux et forêts, est nommé, sur sa demande, commissaire de police de commune à la Plaine des Palmistes, en remplacement de M. Léglise, passé à la résidence de Sainte-Marie.

— Par arrêté du Gouverneur en date du 1er mars 1862, M. Meslier (Maurice), nommé par arrêté du 1er février 1862, commissaire principal de police à Saint-Benoit, est réintégré, sur sa demande, dans ses anciennes fonctions de commissaire de police du canton de Saint-Leu.

M. Morau (Defresne-Marie-René), nommé par le même arrêté précité, commissaire de police du canton de Saint-Leu, passe en la même qualité au canton de Saint-Denis, en remplacement de M. Ricquebourg, décédé.

Sont nommés aux emplois de commissaire de police adjoint:

A Saint-Denis, et attaché au bureau de l'Inspecteur chef du service, comme chef du bureau, M. Pinelli (Frédéric-Auguste);

A Saint-Paul, M. Masseaux (Joseph-Loricourt);

A Saint-Pierre, M. Hermann (Auron-Jonas);

A Saint-Benoit, M. Bache (François dit Erfort).

— Par arrêté du Gouverneur en date du 6 mars 1862, M. Laffon Baïet est nommé préposé-surveillant de la fabrication et de la vente des rhums, en remplacement de M. Barrois, démissionnaire.

— Par arrêté du Gouverneur en date du 13 mars 1862, M. Fraigneau (Paul-Antoine-Amédée) est nommé agent de change à Saint-Denis, en remplacement de M. Deheaulme (Victor), démissionnaire.

— Par arrêté du Gouverneur en date du 26 mars 1862, MM. Jules Tiphaine, avocat, et Philogène Hoareau Desruisseaux, membre du Conseil municipal, sont nommés membres du Syndicat de l'arrondissement Sous-le-Vent, en remplacement de MM. Brulon et Adamolle, démissionnaires.

— Par arrêté du Gouverneur en date du 27 mars 1862, il est accordé à M. Oudin, économe au Lycée impérial, un congé de convalescence pour la France.

— Par arrêté du Gouverneur en date du 28 mars 1862, M. Long (Antoine-Vincent), commis à la Direction de l'Intérieur, est nommé directeur comptable de l'Hôpital colonial à compter du 1er avril 1862.

Par le même arrêté, M. Nudin (Nicolas-Charles), écrivain à la Direction de l'Intérieur, est nommé commis aux entrées de l'Hôpital colonial à compter du 1er avril 1862.

— Par arrêté du Gouverneur en date du 28 mars 1862, M. Grélot (Joseph), pharmacien civil, est nommé pharmacien de l'Hôpital colonial à compter du 1er avril 1862.

— Par arrêté du Gouverneur en date du 29 mars 1862, MM. Deheaulme (Léon) et Trovalet (Léopold) sont nommés membres du Conseil municipal de la Commune de Saint-Joseph en remplacement de MM. Edmond Lebreton et Alexandre Cadet, démissionnaires.

— Par décision du Directeur de l'Intérieur en date du 31 mars 1862, le sieur Boyer (Elie), né à Saint-Philippe (Réunion), est nommé portier-concierge, à compter du 1er avril 1862, à l'Hôpital colonial.

Administration de la Justice.

— Par arrêté du Gouverneur en date du 15 mars 1862, enregistré à la Cour Impériale le 21 du même mois, M. Barrois (Pierre-Charles), ancien commissaire de police, est nommé provisoirement greffier près la Justice de Paix du canton de Saint-Paul, en remplacement de M. Wislez, démissionnaire.

—Par arrêté du Gouverneur, rendu en Conseil privé le 19 mars 1862, le sieur Popis (Zéphirin-Lucien-Edouard), stagiaire, a été nommé huissier-audiencier de la Cour Impériale et huissier près le Conseil privé, en remplacement du sieur Newton, démissionnaire.

CERTIFIÉ CONFORME :

Le Contrôleur colonial,
DESROBERT.

9 782329 308272